白球の「物語」を巡る旅

コンテンツツーリズムから見る野球の「聖地巡礼」

増淵敏之
法政大学大学院政策創造研究科教授

大月書店

まえがき

ＭＬＢ（メジャーリーグベースボール）で大谷翔平の活躍が連日、報道されている。もちろん彼のプレーが中心だが、彼のマナーやファンサービスに言及されるものも多い。それは彼が日本時代に培ってきた習慣だ。野茂英雄、イチロー、松井秀喜という流れにおける日本の野球文化の伝搬として捉えてもいい。日本野球はアメリカ野球を見上げ続けてきたが、ようやく日本の野球文化がＭＬＢにも徐々に浸透してきているのだと考えると、じつに感慨深いものがある。

野球が好きである。筆者は少年時代には下手なりに白いボールと戯れた記憶を持つ昭和30年代生まれだ。今でも時間のあるときには高校野球やプロ野球の古い映像を観たりしている。野球マンガも好きで、ときどきウェブマガジンでそれに関する記事も書いたりしている。本書を企画したのは、そういった野球好きが高じてのこともあるが、契機は「プレス空知」に２０２０年春から連載していた『炭都と野球の物語』に拠るところが大きいだろう。

文章を書くという行為の下で、野球と向き合うのは初めての経験だったので、戸惑うこともあったが、月1回の連載で全12回、北海道の空知地方の野球の物語を探してという内容だ。空知といえば、今は廃校になってしまった駒澤大学岩見沢高校が「ヒグマ打線」で甲子園を沸かせたことしか正直、認知していなかった。しかし調べていくうちにいろいろとわかってきた。

とくに空知は石炭産業が衰退して以降、人口減少が著しい。石炭産業が華やかりし頃には企業ぐるみで野球の振興に取り組んでいた。石炭産業は「ヤマ」という表現を使う。つまり「ヤマ」ぐるみ、「まち」ぐるみの共同体がそこには存在していたのだ。野球場も企業が作り、社会人チームを結成し、またそのチームの選手が地元の高校の野球部の指導にあたるというサーキュレーションモデルが確立していた。

つまり野球と地域には深いつながりがあるのだという認識で、『炭都と野球の物語』を下地にして本書を企画してみた。もちろん時代は変わる。そのつながりのあり方も変化をしてきたはずだ。しかし長い歴史によって培われた、野球を下支えしている地域の基盤の形成過程に注目する必要もあるに違いない。本書では野球というカテゴリーでそれを考えていくが、このようなアプローチはもっと幅広い文化という範囲にも適用できるに違いない。

２０２０年、新型コロナウイルスの影響で、春の選抜高等学校野球大会や夏の全国高等学校野球選手権大会も中止になり、ＮＰＢ（日本野球機構）の開幕も遅れた。アメリカでもＭＬＢは60試合まで短縮され、野球競技が予定されていた東京オリンピックも延期となった。まさに野球受難の1年になってしまった。しかし日本の野球ファンは根強く存在する。一時期、Ｊリーグの結成以降、サッカーに押されているという見方もあったが、これだけ長い歴史を有する野球が急速に衰退することは考えにくいだろう。

実際に野球を直接やらない少年たちも、ゲームで野球を楽しむ時代になっている。これも近年での大きな変化だろう。ゲームでの対戦が「ｅスポーツ」と呼ばれることになっているわけだから、さらにゲームのスポーツ体験は普及していくに違いない。インターネットやデジタル技術がスポーツにまで影響を与えることは以前には考えられなかったが、しかしこれもひとつの現実である。

日本ではベースボールのことを野球と呼ぶ。野球はアメリカで生まれたスポーツで、１８７１年に来日した米国人ホーレス・ウィルソンが当時の東京開成学校予科で教え、その後日本全国に広まったとされている。野球という日本語が生まれたのは、明治時代の中期。第一高等中学校（現東京大学教養学部）の生徒だった中馬庚が、「野外または野原で行う競技」という英語の「Ｂａｓｅｂａｌｌ」を「野球」と翻訳したのが初めとされている。同じ時期に日本に入ってきた外来スポーツは他にもあるが、野球だけが他と異なる点がある。野球以外のほとんどが戦後、呼び名を英語へと変化させていった点だ。たとえば蹴球はサッカー（フットボール）、籠球はバスケットボール、排球はバレーボールというように。卓球はテーブルテニスではなく卓球のままだが、ピンポンという別称が存在する。

本書の目的は野球というスポーツ文化が、特定の地域で文化基盤の形成に寄与している点に注目し、野球の聖地を巡る旅を実施してみようとするものである。基本的に日本を縦断する構想だが、一部、戦前に外地と呼ばれた台湾、中国にも目を向けている。紙幅や執筆期間の制約もあるので、もちろん全国津々浦々を行脚することは現実的には難しいが、それでもできるだけ可能な範囲を扱ったつもりだ。

執筆にあたって重要視したのは、地域と時間軸、空間軸である。つまり地域の歴史と地理ということになる。そしてそのフレームの中心に野球というスポーツ文化を置いてみたい。野球の歴史の彼方に消えてしまった有名、無名の選手に関心を寄せながら、野球という文化の醸成過程を地域ごとに辿っていった。

また野球をスポーツとして定着させてきた背景には、メディアとコンテンツの力も見逃せない。新聞社主導の高校野球、大学野球、社会人野球、そしてプロ野球という観点もあるが、野球そのものを題材としたコンテンツが増えることによって、野球の裾野が広がってきたという事実である。もちろん映画化やテレビドラマ化もされてきたが、とくにマンガ大国を自認する日本の野球マンガの影響は大きい。

『戦後野球マンガ史』（米沢嘉博・２００２年）が示すように、この野球マンガも日本独自の文化だ。そしてこの野球マンガが映画化、アニメ化されて、さらに幅広い層に野球に対する理解や共感を喚起してきたことは否定できないだろう。つまりテレビ中継含めて、メディア、コンテンツの充実によって、野球は日本において切り離すことのできない大衆文化へ昇華したと言えるのかもしれない。

さて最近の筆者の関心事は地域の自立である。地域が疲弊する中で、活路を見出すための暗中模索を続けている。このように書籍を公刊することもひとつの方法だが、実際に地域と長期にわたって意見交換をし、施策を立案、遂行するところまで深く関わっている地域もいくつかある。その過程でやはり気になるのは少子高齢化であり、とくに若年層の域外流出だ。

しかし国の政策システムが国－地域という、いわゆる東京一極集中の形になっており、また経済的な観点においても同様の傾向が見られる。ただ今回の新型コロナウイルスは人々の生活スタイルも変えつつある。新型コロナウイルス終息後も、テレワークが一般的になることが予想に難くない中、情報の非対称性も揺らぎ、地域からの文化の逆流が生じる可能性も少なくはないと思う。

野球がその地域にどのような影響を与えてきたのか、ローカルアイデンティティやシビックプライドの醸成に寄与してきたのか、これは前記のような地域創生の議論とも無関係ではない。野球を単なるスポーツとして捉えるのではなく、文化として捉えることによって、また違う意味が見えてくるに違いない。全国各地にプロ野球、社会人野球、高校野球、少年野球、そして草野球に至るまで野球という文化は何らかの形態で存在しているように思う。つまり意識せずにいても、日本では人々と最も身近なスポーツのひとつになっているのだ。

そして絶えず野球は地域と寄り添ってもきた。記憶に新しいのは阪神淡路大震災のときのオリックスブルーウェーブ、東日本大震災のときの東北楽天ゴールデンイーグルスの地域支援だ。選手がフランチャイズを置く地域への愛情を、野球を通じて表現していたのが印象的だった。また高校野球が郷土愛を涵養してきたという事実もある。一般財団法人日本経済研究所地域未来研究センター研究主幹の清水希容子は、高校野球と郷土愛について以下のように述べている。「そのような郷土愛はどこからくるのだろう。住んだことがある、家族がいる、父母が暮らす、友が働く、いまの自分が在るなど、きわめて人間的な感情。『故郷《ふるさと》は遠きにありて思うもの　そして悲しくうたうもの……』（室生犀星）、『ふるさとの訛なつかし停車場の人ごみの中にそを聴きにゆく』（石川啄木）、ふるさとの恩師の言葉を胸に勝負に挑む大リーガー。外に身を置いたとき、内から遠くなるほど、時間がたつほど、『郷土愛』は深まってくる」（日経研月報・2011年4月号）

この視点は野球を見ていく上で、とても重要なことに思える。本書はその意味を含めて企画された。筆者はここ数年、コンテンツツーリズムの研究を行ってきた。コンテンツツーリズムに関してはこれまでもいくつかの著作を執筆させてもらう機会をいただいたが、わずかの時間で定着した観光行動なので、2010年に記した『物語を旅するひとびと』からは10年近く経った今、改めてこの領域に関して再整理、再定義を試みる必要もあるに違いない。ただ、コンテンツツーリズムは多方面への拡張も見せている。

昨今ではテクノロジーの進展により、バーチャルでの観光体験なども耳目を集めるようになってきており、観光行動そのものもリアルをベースとしたものだけではなくなってきた。とくに今回の新型コロナウイルスの影響で外出が難しくなってきたという状況により、バーチャルでの観光行動はより注目されることになった。しかし考えてみるとRPGなどではすでに疑似観光の要素が盛り込まれているものもあり、ゲームからYouTubeなどの動画共有サイト、そして近年、注目されてきたオンラインツアーなども研究の対象に入れざるを得ない時代になったとも言える。

野球の「聖地巡礼」もある意味の、コンテンツツーリズムの拡張と言えるのかもしれない。ただ疲弊するローカルでも集客目当ての安易なコンテンツツーリズムの施策も目につくようになった。確かに久喜（鷲宮）、大洗のように集客事業として成功しているところもあるが、それはレアケースに過ぎず、大抵はムーブメントさえつくれずに終わったところも少なくはない。ただアニメの舞台に当該地域がなってしまうと、間髪入れずに施策の立ち上げを行う事例が大半ではないだろうか。そうすると継続性を持たせることまでは到底、至らない。おそらくこのような施策にも行政、商工会議所、観光協会、アニメ制作会社、ファンなどのアクターが相互メリットを享受できる形に組み上げなくてはならないだろう。

話を野球に戻すが、本書はあくまで野球を文化として捉えていき、そして地域との関係性を見ていくものだ。紀行文的な執筆形態を取ることにはするが、本書では産業論的、観光論的な要素は極めて薄くなるに違いない。もちろん適宜、地図、写真等で訪れた場所に関しては紹介していくが、野球という文化と地域の物語を提示していくつもりだ。また本書は時間を遡上しながら、野球の聖地を歩く試みだ。

地域の疲弊が顕在化して久しいが、野球をはじめとするスポーツの効用を改めて確認する時期に至っているようにも思える。先述したように、野球は地域のローカルアイデンティティやシビックプライドを醸成する可能性も秘めているに違いない。野球の聖地を巡る旅は、日本の歴史、風土、文化を再発見するフィールドワークなのだとも言えよう。とりあえず自分の心の赴くままに野球の聖地への旅に出てみようと考えた。すべてを網羅できないことを前もって陳謝しつつであるが、最後までお付き合いいただければ幸いである。

第2章
北海道
第2章
岩手
第3章
福島
第4章
東京
第5章
三重
第11章
沖縄

旅の記録

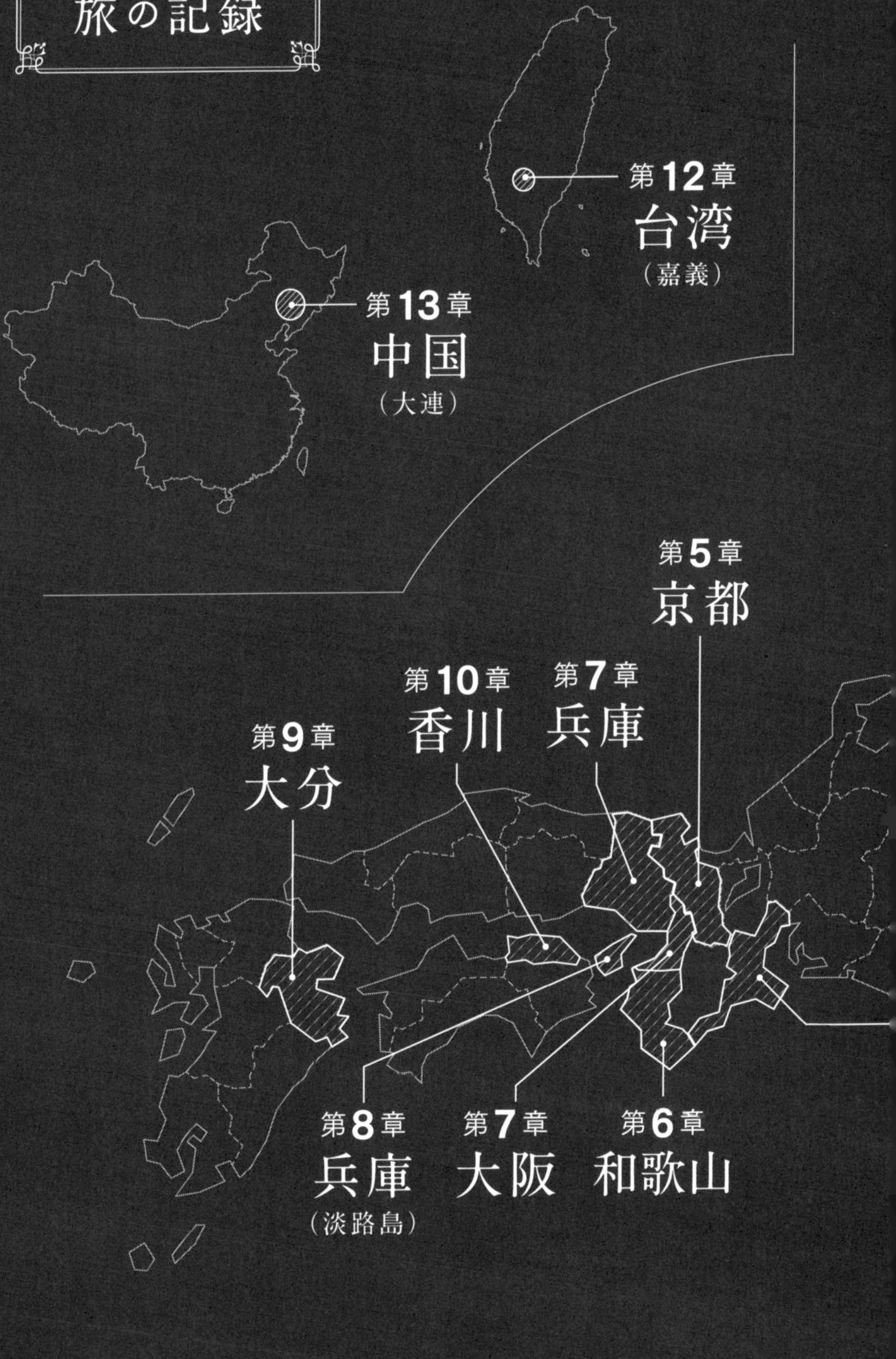

第12章
台湾
（嘉義）
第13章
中国
（大連）
第5章
京都
第10章
香川
第7章
兵庫
第9章
大分
第8章
兵庫
（淡路島）
第7章
大阪
第6章
和歌山

目次

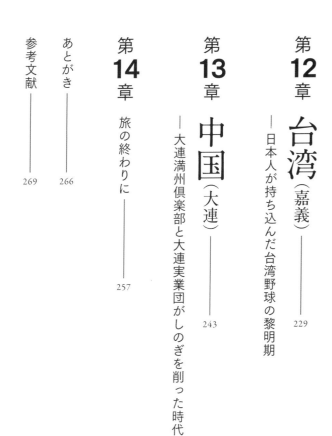

装丁／黄川田洋志（ライトハウス）
本文デザイン／黄川田洋志、井上菜奈美、中田茉佑、
有本亜寿実（ライトハウス）、
藤本麻衣、田中ひさえ
編集／伊藤翼（ライトハウス）
企画協力／飯田みか（NPO法人企画のたまご屋さん）

第 **1** 章

地域と野球の関係性

※本文中に登場する参考文献の著者、刊行年、出版社などは巻末に記載

野球は地域のコミュニティが支えてきた

野球は全国で行われている。プロ野球ではフランチャイズという形での地域との関わりになるが、社会人であれば都市対抗野球大会、大学であれば全国大学野球選手権大会、高校であれば選抜高等学校野球大会、全国高等学校野球選手権大会というように、地域ごとの予選を勝ち抜き、地区代表として駒を進める形が一般的だ。もちろん中学や少年野球でも同様のシステムが確立している。またそれゆえに、地区組織も独自の大会を実施するなど活発な動きも見せている。

つまり明治時代に野球が持ち込まれてから、長い時間をかけて全国規模の大会のシステムが整備され、それに伴う形で地域のシステムも構築されてきた。つまり地域の野球の基盤形成ということでもあろう。もちろん同時に地域の独自性も確立されていった。地理学的に見ると地域の文化的差異とも言える。いわゆる１９６０年代から研究が進められてきた、スポーツ地理学の範疇になるだろう。

地理学者・文化人類学者の杉本尚次は、論文「ベースボール・スタジアムと都市環境：スポーツ地理学」（１９９９年）の中で、スポーツ地理学の研究項目を整理している。本書と関わりがあるのは、「（１）スポーツの発展、拡大、普及を、空間と地域の関わりから考察する」「（３）スポーツと環境（風土性）との関連（選手出身地の分析とその地理的特性など）」であろうか。本書もその点を念頭に置いて書き進めていこうと考えている。

野球においては環境面の影響が大きい。現在では北海道日本ハムファイターズが札幌、東北楽天ゴールデンイーグルスが仙台と寒冷地に本拠地を置き、また２００４・２００５年と駒澤大学苫小牧高校の全国高校野球選手権での連覇も記憶に新しいように、かつてのような雪国のハンデキャップも希釈されているように見えるが、やはり野外での冬季練習には苦労をしているようだ。もちろん近年では学校にもよるが、屋内練習場が整備されているところも少なくはない。ただ、それはあくまで近年の話だ。弱かった時代にはグラウンドに柔道の畳を引いていたという学校もあったと聞く。

また最近では四国四商（松山商業、高松商業、徳島商業、高知商業）もなかなか甲子園には出られないが、四国はかねてから野球の盛んな地域であり、また愛知県、広島県のように古豪を有する地域も、一般的に野球が盛んなところと見ていいだろう。しかし、１０

0年を超える歴史を有する全国高校野球選手権では、いまだに優勝していない県が19県ある。選抜高校野球大会も同数だ。いずれも優勝できていない県は14県、東北の高校はいまだに準優勝止まりである。

この要因は自然環境だけではないだろう。確かに温暖な気候は野球には最適だ。しかしその要因のひとつには歴史的なものもあるに違いない。日本の野球はプロ野球の前身である職業野球が成立するまでは、学生野球が牽引してきた。現在では往時の勢いを失ってはいるが、大学野球がリーダーシップを担ってきた時代が1950年くらいまでは続いた。戦前には現在の高校にあたる、各地の旧制中学の野球部には各大学の野球部からもコーチが派遣されていた。

また社会人野球の存在も見逃せないだろう。戦前には外地の大連で大連満鉄倶楽部と大連実業団が当地の野球を盛り上げた。このふたつのチームの試合は「実満戦」と呼ばれ、東京の「早慶戦」と並び称されたとも聞く。また戦後には炭鉱の野球部などが活躍し、彼らも高校のコーチに行ったりもしていたという。つまりさまざまな地域の中で、野球に関するシステムが構築されていったと見てもいい。いわゆる野球コミュニティの創出だろう。

野球はプレーする選手たちだけのものではない。やはり重要なアクターとしてはファンの存在も大きいし、学生野球で言えば選手の家族やＯＢなどもアクターになるだろう。地域の野球は地域のコミュニティ形成と無関係ではない。地域のコミュニティが支えてきた野球の歴史がそこにある。つまり野球は地域とともにあったと言っても過言ではない。

もちろんこのような地域との関わりは野球だけではなく、スポーツ全般にも当てはまるだろう。それが地域のローカルアイデンティティや、シビックプライドの醸成にもつながってきたように思う。地域は地域のチームを応援するのは当然のことだ。もっとわかりやすく言うと、郷土愛の発露だろうか。ただ現実的には優秀な選手は他県への野球留学だったり、東京の野球強豪大学に進学するとか、一筋縄でいかない場合もある。しかしそれは、キャリア選択の方法として仕方のないことでもあろう。

それでも母校愛に支えられたコミュニティは存在するし、地域との関わりも生じる。たとえば高校野球、大学野球にはこのシステムが一定程度、確立されている。後援会組織や自治体との関わりも当然、深いものがある。いわゆる学生スポーツは教育活動の一環として位置付けられてもいる。

日本野球連盟は、１９４９年にそれまで全国に設立されていた実業団野球地方連盟を統合して設立された日本社会人野球協会を前身とするが、活動指針のひとつとして「社会人野球チームは、地域社会、自治体、企業、そしてそのコミュニティに生きる住民や仲間たちとの懸け橋となって、喜びと感動を共有できる存在（地域の財産）となることを目指す」と謳っている。

またプロ野球においても、協約にプロ野球地域保護権が認められている。この権利は営利目的の色合いが強いが、いわゆる地域フランチャイズのことだ。そこでは保護地域におけるすべてのプロ野球関連行事の独占権が球団に与えられる。つまり地域との密接な関係がその基盤に存在するということでもあろう。地域という基盤あっての野球と捉えてもいい。おそらくこれは、スポーツ全般に適用される命題とも言える。

野球に関する書籍も膨大な量に上る。本書を執筆する際にも参考文献として一部を適宜、活用させてもらった。球団、各野球選手、そして野球場などをテーマとして書かれているものも限りなく多い。中には日本の野球の歴史を体系付けてまとめているものもいくつかある。『日本野球史』、『真説日本野球史』、『新プロ野球人国記』、『完全版プロ野球人国記』、『完全保存版　高校野球１００年』、『高校野球１００年史』、『白球の世紀　高校野球１００回秘史』などである。

また野球を巡る紀行ものとしては、『野球を歩く：日本野球の歴史探訪』が挙げられよう。

「俳人正岡子規が打って走った上野の球場から、スタルヒンが投げた大宮公園球場、満潮になると水が出た洲崎球場跡地など、15の球場を巡り、日本野球史の事件簿を豊かなエピソードでつづる」というのが出版社側の口上だが、本書は同じ野球の聖地を巡る方向性を取るが、おそらくそれとはまったく違うものになるかと思う。

つまり野球を見つめる視点が幾分、違うかもしれない。本書は野球を題材にしているが、野球と地域の関わり、そしてその地域で活動してきた野球人たちのネットワーク形成に着目してのものになる。

明治以降、地域には野球の歴史も刻まれてきた。おそらく歴史の狭間に埋もれてしまったものも含めて、「聖地」は膨大にあるに違いない。さてコンテンツツーリズムという概念がある。コンテンツツーリズムはあくまでも観光文脈で捉えられているものだ。現在、注目されている点は集客事業としての側面だろう。この現象は映画やテレビドラマ、そしてマンガ、アニメ作品を巡って1980年代前後から始まっていたとされるが、隆盛を見せたのは2007年4月から9月まで千葉テレビをはじめとした独立U局で放送された『らき☆すた』からになるだろう。つまりアニメツーリズムの台頭とも言える。現在、各地域でコンテンツツーリズムに関するさまざまな施策展開が行われているが、やはり最も注目を集めるのはアニメだということは衆人も認めるところだろう。

日本を代表するコンテンツ産業はアニメであるというのもまた、否定はできない。収益的にはゲーム市場も重要だが、やはりアニメを日本のポップカルチャーから外すことはできないだろう。従来の小説の舞台探訪や映画やテレビドラマのロケ地巡りが、アニメの聖地巡礼によってひとつのムーブメントを形成したのだという見方もできる。とくに2016年のユーキャン新語・流行語大賞で「聖地巡礼」がトップテンに入ったことが記憶に新しい。これはアニメ『君の名は。』のヒットが大きく貢献していると思われる。

コンテンツツーリズムが国によって言及されたのは、2005年に国土交通省総合政策局、経済産業省商務情報政策局、文化庁文化部から出された「映像等コンテンツの制作・活用による地域振興のあり方に関する調査」からだ。そこでは、「コンテンツツーリズムの根幹は、地域に『コンテンツを通して醸成された地域固有の雰囲気・イメージ』としての『物語性』『テーマ性』を付加し、その物語性を観光資源として活用することである」としている。

拡大解釈すればコンテンツツーリズムの範疇に、野球聖地巡礼の旅があってもおかしくはない。歴史好きの人が大河ドラマのロケ地を巡ったり、城跡を訪ねたりという観光行動と同文脈にあるものと捉えてもいい。本書ではできるだけ縦横無尽に日本全国の野球の聖地巡りを行った。もちろん、新旧問わずということでもある。しかし古くの出来事が現在につながっているに違いない。見方によっては、本書は地域の野球史を洗い出す作業であるのかもしれない。

「ベースボール」から独自の「野球」へ

また同時に、本書は野球という独自の日本文化についても考察を加えていきたいと考えている。先述したように日本の野球は当初は外来のスポーツだったが、従来の日本独自の文化と融合して現在の形になったと見てもいい。筆者は大学教員になって10年足らずだが、これまでも音楽を始めとするコンテンツ、そして食文化に関して文化の融合過程に着目してきた。日本は外来の文化を自国の規範や慣習等に合わせて、カスタマイズする能力の極めて高い国である。

研究を始めた当初は、前職での経験を生かした音楽産業の立地論や産業集積のメカニズムに関する研究を行っていた。いわゆる経済地理学の範疇だ。２０１０年に『欲望の音楽――「趣味」の産業化プロセス』を公刊した際に、日本のポピュラー音楽がいわゆる洋楽の影響を受けながらＪ－ＰＯＰという独自の音楽文化を形成していく過程を、産業寄りの視点から捉えていったつもりだ。

その後、コンテンツツーリズム研究を始めたが、途中で食文化への興味も頭をもたげてきた。２０１７年に新書ではあるが、『おにぎりと日本人』を上梓することになった。東南アジア諸国に赴いて現地の人々と交流する中で、日本の食文化はやはり日本のマンガやアニメなどのコンテンツを通じて認知されていることも次第に明らかになってきたので、最も日本のソウルフードとされるおにぎりに着目し、偶然、大連大学の大学祭のイベントとしておにぎりコンテストを提案してみた。

米の伝播ルートは中国を通じて日本にという流れなのだが、しかし前日にレクチャーを行ったところ、中国ではおにぎりは一般的でないにも関わらず、大学生の認知度は高かった。理由を訊いてみるとやはりアニメであった。おにぎりが出てくる作品として、『千と千尋の神隠し』『ラブライブ』『ワンピース』などを彼らは挙げた。日本のアニメの浸透度に驚くとともに、日中の文化の違いに瞠目せざるを得なかった。明確なことはわからない。

ただ中国には「冷や飯」を食べる習慣がないのだ。

そこでおにぎりに関する研究を始めることになった。しかし調べてみると、意外におにぎりの資料は少ない。江戸時代に東西の文化の違いを書き残した喜田川守貞の随筆『守貞謾稿』がひとつの手がかりだった。当時、おにぎりに関するレシピ以外の文献はほとんどなかった。

そこで、全国おにぎり行脚を始めることになる。また海外に滞在する際にはおにぎり屋を探して歩いた。各国にもおにぎり屋はあって、大抵、カスタマイズされていることも驚きだった。それは、日本の食文化の海外への浸透度を図るための有効な手がかりでもあった。

おにぎり以外の食文化を見てみよう。たとえばラーメンだ。もともとは、幕末から明治期にかけて開港した港町に出現した中華街の中華料理屋から全国に浸透していったと言われているが、しかし現在ではまったく本来のものとは違う麺料理になっている。ラーメンは中華麺とスープを主として、そこにチャーシューやメンマ、味付け卵などをトッピングしていくものだが、現在では各地域、各店舗の創意と工夫によってバリエーションも豊富になり、日本独自の発達をしてきたものだと捉えることができるだろう。

日本人の感覚に合わせたカスタマイズ、これがとても重要な点である。おにぎりもラーメンもこの文脈の中にある。日本のポップカルチャーを代表するアニメも、大正期にかけて外国から輸入されたアニメーション映画の人気を受けて、下川凹天、幸内純一、北山清太郎がそれぞれに独自の手法で制作するところから、その歴史が始まっている。そして戦後の手塚治虫などが手掛けたテレビアニメを経て、現在の独自のアニメーションへと至っている。考え方によっては、前掲したＪ－ＰＯＰと同様の展開をしてきたと見てもいいだろう。

野球もこの文脈で捉えることが可能に違いない。ベースボールではない、あくまで野球なのである。戦後、横文字に転換した他のスポーツとの発展過程や形態が、おそらく違うのであろう。野球は日本の慣習、風俗のマストアイテムのポジショニングを獲得したのだと言えるかもしれない。もはや、日本人の生活を彩る存在になっているとも言えるだろうか。野球マンガというジャンルが確立していることも、その発露である。そしてそれはアニメ化され、さらにその浸透の幅を広げてきたのである。

ポップカルチャーを中心とした文化の生成過程に関しては、２０２０年に『伝説の「サロン」はいかにして生まれたのか　コミュニティという「文化装置」』を上梓した。現在のところ、これが筆者の最新刊になるが、これは２０１２年の『路地裏が文化を生む！‥細街路とその界隈の変容』が都市空間を「面」で捉え、文化創出のメカニズムを探っていったものだが、『欲望の音楽－「趣味」の産業化プロセス』の発展形でもあった。「面」を「点」の構成などが体として捉え直してみる試みを改めて行ってみた。筆者の関心事のひとつは、地域の文化基盤形成のプロセスにあるのかもしれない。

つまり文化ということを中央に据えて、形の上では脈絡のない研究を行ってきたのだとも言える。さて野球に関しては、先に本書を執筆するにあたってのいくつかの参考文献を挙げたが、とくに大事な文献を２冊紹介しよう。１冊は『熱球三十年　草創期の日本野球史』（飛田穂洲・１９３４年）だ。近年では２００５年に文庫本化されている。まさにタイトルにあるように、日本野球の初期の目撃談だ。まだ野球が自由でおおらかだった時代、彼の言葉、「一球入魂」の背景が見えてくる。

飛田穂洲に関しての人物略歴は、『日本大百科全書（ニッポニカ）』で、以下のように記載されている。「野球評論家。本名忠順《ただより》。茨城県出身。水戸中学（現水戸一高）を経て早《わ》稲《せ》田《だ》大学入学、同野球部５代目の主将。読売新聞記者を経て１９２０～25年（大正９～14年）まで早大監督。１９２６年朝日新聞に入社し、野球評論に格調高い独特の文体で健筆を振るい、精神野球を説いた。高校野球（戦前は中等学校野球）や大学野球の選手に大きな影響を与え、学生野球の父とよばれた。1957年（昭和32年）球界の功労者として紫《し》綬褒章《じゅほうしょう》を受章、60年野球殿堂入りをしている」

生涯、学生野球の擁護者としてペンを振るった。プロ野球と一線を画すのが、彼の生き方だったのだろう。本書でももちろん飛田の生きた時代にも触れていくつもりだ。

「旧時代のベースボールから新時代の野球へと進出したのは、今から約三十三、四年前であった。そのころの早稲田野球部の合宿は、下戸塚の四五四番地の古ぼけた下宿屋のあとを借り受けたもので、むろん今日のごとく一室一人などというぜいたくなものではなく、ほとんど雑居の姿であった。間どりも悪く、陰気な家であったが、家賃はかなり高く、因業な家主は百円以下にはまけなかった」

右記は『熱球三十年　草創期の日本野球史』の中の文章だが、冒頭の部分に日本の野球が外来のベースボールから独自の成長をしていると、飛田が見ていることに驚く。先に述べたように、日本の文化、慣習に寄り添って野球は成長してきた。輸入文化を日本独自の文化に寄せつつ、日本の野球の今日があるのだと言っても過言ではない。

さてもう一冊、大事な書籍を挙げておこうと思う。『野球と日本人』（池井優・1991

年）である。池井は長く慶應義塾大学の教授を務めた研究者である。専門は日本外交史、極東国際関係史であるが、野球をこよなく愛する趣味人としても知られた人である。日米の野球の歴史にも精通し、野球に関する著作も多数ある。『野球と日本人』は日米のそれぞれの野球、ベースボールの発展過程を視野に入れている点に特徴があり、とくに今はなき個人野球博物館、吉澤野球博物館（現在、資料の一部が船橋市総合体育館の吉澤野球博物館資料展示室に展示）、福室野球資料館なども紹介されている点が貴重でもある。

池井はエピローグで「日本の野球は変わりつつある。よい方向ではなくむしろ悪い方向へと移行している」と警鐘を鳴らし、とくに少年たちの野球離れ、高校野球、プロ野球とともに選手のアイドル化が進み、オリンピック等による国際化の波を受けている点を挙げている。この書籍が刊行されたのが１９９１年であることを考えると、そういう見解に至るのかもしれない。しかし日本の少子高齢化や少年たちの嗜好の多様化は、野球の裾野を広げる上で阻害要因となっている点は、現在もまた憂慮されるところでもある。

第**2**章

北海道｜スタルヒン、久慈次郎の足跡

岩手

【函館】

【旭川】

北海道 | スタルヒン、久慈次郎の足跡

岩手

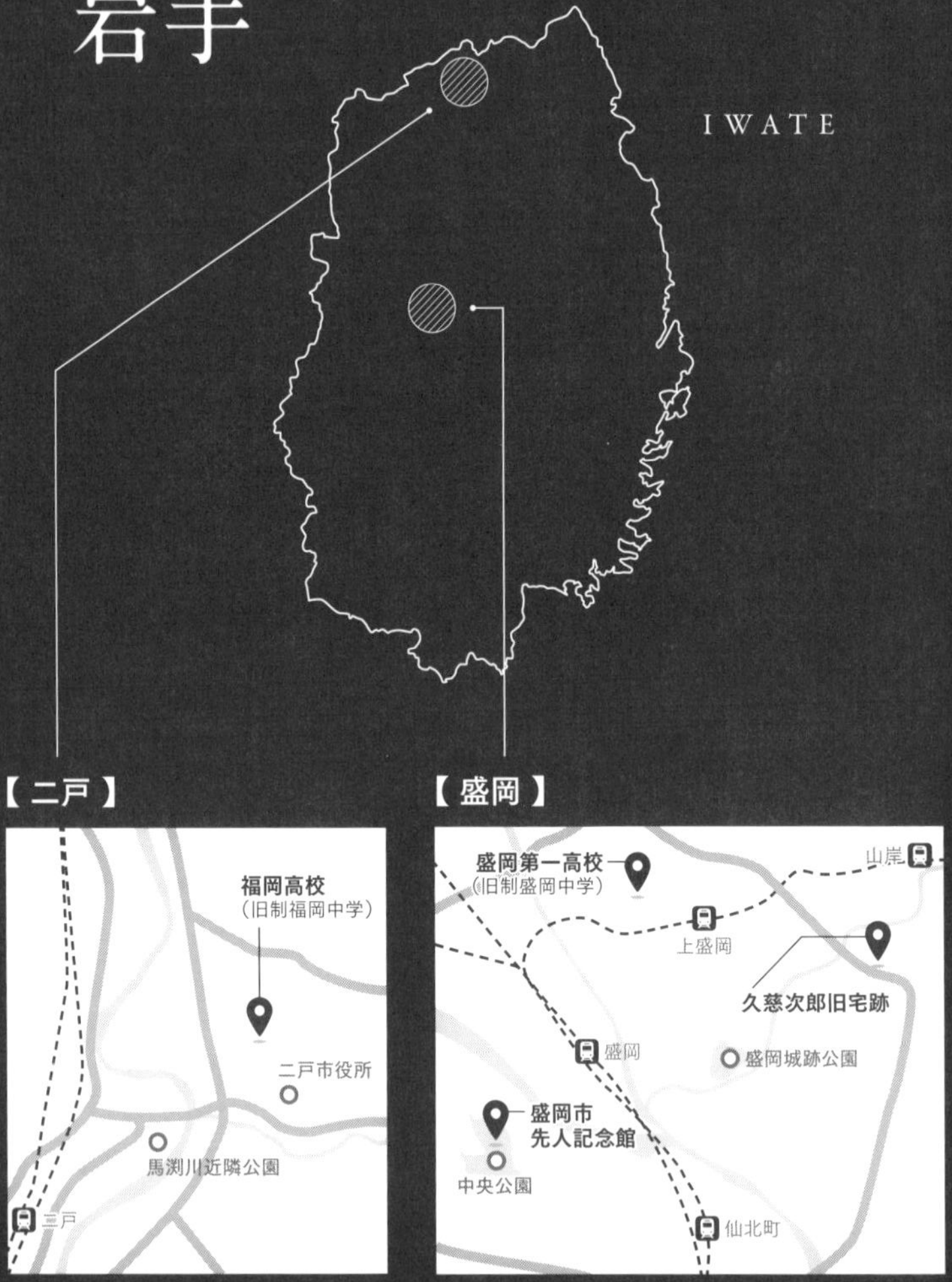

社会人野球の名門で輝いた捕手・久慈次郎

北から聖地を巡礼してみようと思う。日本の野球は東京開成学校や開拓使仮学校に、お雇い外国人が持ち込んだという説が有力だ。北海道には後者の流れから、札幌農学校の学生の間に広まったらしい。さて現在では札幌にNPBの北海道日本ハムファイターズがフランチャイズ球団として存在し、また駒澤大学苫小牧高校が2004、2005年と全国高校野球選手権（夏の甲子園）で連覇、2006年にも準優勝という輝かしい成績を上げたことも記憶に新しい。かつては雪国のために「野球不毛の地」と呼ばれたこともあったが、現在ではすっかり道民にも定着している。

忘れもしない2004年の夏、真紅の大優勝旗が初めて津軽海峡を越えた。それまで、東北勢が何度となく白河の関越えを試みては厚い壁に跳ねのけられてきた。東北勢を北海道勢が飛び越した形になった。それまでの北海道の高校野球は、1963年の選抜高校野球大会で北海高校が決勝に進出したのみ。駒大苫小牧の優勝はまさに奇跡が起きた瞬間だった。同校は翌年も連覇、翌々年は田中将大をエースに、早稲田実業との決勝引き分け再試合で涙を飲んだ。

しかし、２０１５年に東海大学第四高校（現東海大学札幌高校）が選抜で準優勝、２０１６年に北海高校が全国高校野球選手権で準優勝と躍進が続いている。そして、２００４年に札幌に移転してきた北海道日本ハムファイターズも２００６、２０１６年と日本シリーズを制覇。もはや北海道と野球は切っても切れない関係になっている。ただ振り返れば社会人野球では、現在、企業チームの解散が続いているが、それでも過去、大昭和製紙白老が１９７４年に優勝、１９７５年、１９８９年に準優勝、１９６３年に富士鉄室蘭、１９７６年に北海道拓殖銀行、１９８０年に札幌トヨペットも準優勝と、輝かしい実績を上げている。この歴史を多くの人々は忘れてしまっているだろう。

２０１７年、北海道博物館でも、特別展「プレイボール！―北海道と野球をめぐる物語―」を実施、改めて北海道と野球の関わりに着目した。札幌農学校から始まった野球は、明治30年代には小樽高等商業学校（現在の小樽商科大学）や札幌師範学校（現在の北海道教育大学札幌校）など広がりを見せ、対外試合なども行われるようになっていった。やがて選手だけでなく応援団や応援する人たちも熱中するようになり、それが加熱してしばしばいざこざを起こすまでに。1910年には、とうとう北海道庁立の中等学校野球の対外試合が禁止されてしまった。

甲子園大会（いわゆる「夏の甲子園」）は1915年に、全国中等学校優勝野球大会として始まったが、北海道は対外試合が禁止されていたため、初めて甲子園に参加したのは1920年に行われた第6回大会だった。

大学野球は、1912年に行われた北海道帝国大学（現在の北海道大学）と、小樽高等商業学校（現在の小樽商科大学）の硬式野球部の定期戦がはじまりだった。東京六大学野球に日本中が熱中していた昭和戦前期、この2校の戦いは北の早慶戦と呼ばれていた。

そこでとくに注目されるのは社会人野球である。炭鉱企業が福利厚生としてスポーツに力を入れたことから、産炭地は野球熱を帯びていくのである。北海道で社会人野球チームを対象とした野球大会が開催されたのは、1920年6月のことである。小樽新聞社が主催、北海道帝国大学及び小樽高等商業学校の両野球部が後援となり、小樽花園グラウンドを会場に「札樽実業野球大会」が開催された。

以上のような札幌・小樽地区の実業野球大会の開催だけでなく、1920年から1922年の間に小樽新聞社は、道内4つの地域で同じような実業野球大会を開催している。順に挙げると、①札樽実業野球大会（札幌、小樽地方のチームが参加）、②空知実業野球大会（空知支庁管内のチームが参加）、③中部北海道実業野球大会（上川、留萌、宗谷支庁管内のチームが参加）、④東北海道実業野球大会（十勝、釧路、根室、網走支庁管内のチームが参加）である。現在まで続く都市対抗野球は、１９２７年に第１回大会が行われた歴史の古い野球のトーナメントである。

翌年の第２回大会に北海道代表として出場したのが、１９０７年に結成された函館太洋倶楽部（函館オーシャン）だった。現在もクラブチームとして活動を続けるが、同市内にある千代台公園野球場は、同チームにちなんで「オーシャンスタジアム」という愛称がついている。函館という街の盛衰と寄り添ってきたチームならではの現象だろう。この函館太洋倶楽部は、１９２２年の日米野球で全日本チームの主将を務めた久慈次郎が入団したことでも知られている。

１９３４年の日米野球はベーブルース、ルー・ゲーリッグ、ジミー・フォックスなどの名選手が来日して、静岡・草薙球場で沢村栄治が好投したことでも知られているが、そのとき捕手を務めたのが久慈だった。彼はその後、全日本チームの選手を中心に結成された大日本東京野球倶楽部（１９３６年から東京巨人軍、現在の読売ジャイアンツ）にも高給での入団を要請されるが、同年3月に函館は大火に見舞われており、慎重に考えた結果、函館太洋への残留を選択した。

彼はかつて務めていた函館水電を辞し、1927年に市内にクジ運動具店を開店していた。またその後、函館市会議員としても活躍、しかし1939年に札幌で行われた札幌倶楽部との試合で敬遠され一塁に歩くときに、ホームベース上で相手の捕手が二塁に投げた牽制球が頭に当たって、不慮の死を遂げる。都市対抗野球にも彼は久慈賞という形で名を留めている。まさに北海道の野球史において重要な人物であり、函館太洋は現在でもクラブチームとして地道に活動を続けている。

さて、まずは彼の足跡を函館で辿ることにしよう。彼は1898年に青森で出生し、盛岡で育つ。旧制盛岡中学から早稲田大学と野球部で活躍する。そして卒業後、函館太洋に入る。つまり大学卒業後は函館が彼の生活の場となった。プロ野球が設立する前の野球人のキャリア形成としては、一般的な形だったのかもしれない。

「久慈を生まれ故郷の盛岡よりさらに北の函館に向かわせたのは、橋本隆造、横山万吉など早稲田の先輩が函館オーシャンの中心選手となっていたことが動機だったと言われているが、名門・函館オーシャンには、是が非でも久慈を獲得しなければならない理由があった」と、『北の球聖　久慈次郎』で記している。当時の捕手だった伏見勇蔵が年齢的に橋本の剛球に手を焼き、函館太洋としても後継者を欲していたということらしい。

また「ホームベース追想」（『凍野の残映・北海道人物誌』）では、「函館太洋はコネをつかって猛然とアタックをかけた。水電、今の北海道電力技術課長の葛西民也（後年の函館太洋理事で久慈の死に立ち会った人物）が早稲田大学理工学部卒なのを幸いに、水電に就職させる条件を整え、『ぜひとも函館にきてほしい』と久慈に持ちかけた」とある。

北海道球児の聖地・旭川スタルヒン球場

函館に向かう。まず空港から近い湯の川中学校だ。ここはベーブ・ルース、ルー・ゲーリッグが来日した際に、日米野球が開催された湯の川球場の跡地だ（写真1）。ちょうど函館大火の直後だったという。案内板こそあれど、当時の面影はまったくというほど残っていない。現在では日米野球が函館で開催されることはまず考えにくい。もちろんそこには並々ならぬ久慈の尽力があったに違いない。次は千代台公園球場だ。この球場の前に久

（筆者撮影）

写真1「函館湯の川球場跡地」

慈のキャッチャー姿の像がある（写真2）。周囲は陸上競技場やプールなどもあり、総合運動公園といった佇まいだ。

そして十字街に向かう。現在の末広町、かつての恵比寿町にクジ運動具店はあった。函館も人口減少に喘いでいる。観光都市としてはブランドを保持しているのだが、定住人口は30万人を切ってからの落ち込みが目立つ。十字街は久慈の時代の繁華街で、周囲に古い歴史的な建築物が散見できる。まるで時間が止まったような雰囲気を醸し出している一角だ。函館は都心部が時代ごとに移動していると言われている。最初は元町界隈、次に十字街、函館駅前にあたる大門、松風町、そして五稜郭だ。

函館駅前には新しいホテルがいくつも建てられているが、それでも空き地や駐車場が目につく。駅前の１９３６年に開業した百貨店棒二森屋も２０１９年に閉店した。跡地は再開発の計画があるようだが、それにしても駅前の象徴的な百貨店が消えるというのは寂しいものである。久慈のいた時代の函館は北海道でも最大人口を誇っていた。１９３５年の国勢調査では20万７３７人、札幌は18万７３８２人であった。しかし２０２０年８月末現在、函館は25万２９８４人、それに対して札幌は同年９月１日で１９７万３４３２人と大きく水を開けられた。

（筆者撮影）

写真2 「久慈次郎像」（オーシャンスタジアム）

函館は1973年に隣接した亀田と合併、人口も30万人を超えた。しかしそれ以降は、減少基調に入ったといってもいいだろう。北海道では札幌以外の大半の都市が、衰退の途を辿っている。現在の人々が久慈次郎の名前を口にすることはない。しかし久慈の意思を継いだ形で函館太洋は現在もなお、活動を続けている。確かに自前の練習場も持たずの活動には、厳しいものがあるに違いない。

ただ函館太洋の活動が続く限り、久慈はまだまだ函館の地に根づいている。函館は北海道でも野球熱の高い街だ。春、夏の甲子園で目立った活躍こそしていないが、函館大学有斗高校からは投手として阪急ブレーブス、オリックス・ブルーウェーブで活躍し、コーチとしても名伯楽として知られる佐藤義則、脳腫瘍から復帰した大洋ホエールズ、近鉄バファローズの投手だった盛田幸妃も同校のOBである。また近年では野球部の監督に阪急、阪神タイガース、日本ハムファイターズなどで活躍した投手・古溝克之が就任している。

旭川に向かう。旭川のスタルヒン球場の名前に冠されたヴィクトル・スタルヒンは、この球場の前にピッチングフォームの像として立っている（写真3）。しかもオーシャンスタジアムのキャッチング姿の久慈次郎の銅像と、約260㎞の距離を挟んで向かい合っているという。全日本チームでバッテリーを組んだこともあるふたりだ。北海道の野球黎明

（筆者撮影）

写真３　「スタルヒン像」（スタルヒン球場）

期から活躍し球場に名を残すことで、その後の北海道の野球文化の発展に少なからずの寄与を果たした。

スタルヒン球場は前身を旭川市営球場といった。１９３２年の開設だった。しかし老朽化に伴い、1984年に改築に至る。改築に先立ち、１９８２年に日本国内初の人名のついた球場名となるスタルヒン球場の名称が採用された。スタルヒンは１９１６年5月１日にロシアに生まれ、幼少の頃、両親とともに日本へ亡命、旭川に在住した。１９３２年日章小学校を卒業、旭川中学校（現在の旭川東高校）に進学、1年生にしてマウンドに立ち、全道中等野球大会に出場している。

１９３４年12月、学業なかばにして読売巨人軍の前身・東京野球倶楽部に入団、父親の逮捕がこの逃避行のような旭川からの退去につながったと言われている。１９３８年最優秀防御率、最高勝率、最多完封勝利、最多奪三振を記録し、投手の5大タイトルを独占。沢村栄治が戦地に赴いた後のエースの座に就く。１９３９年は68試合に登板し、巨人軍66勝中42勝を挙げ、最高殊勲選手に選ばれる。１９４０年には18連勝を成し遂げ、2年連続最高殊勲選手となる。

１９５５年9月4日には、プロ野球史上初の通算３００勝の偉業を達成し、この年プロ野球界を引退する。１９５７年1月12日、運転していた自動車が、三宿付近で玉川電車と衝突し死亡。40歳の若さだった。１９６０年には競技者表彰の第1号として野球殿堂入りを果たす。日本の球界史からは外すことのできない名選手である。

実娘のナターシャ・スタルヒンの『白球に栄光と夢をのせて　わが父V・スタルヒン物語』『ロシアから来たエース』が伝記としては有名だが、不思議なことに彼はいくつかの小説作品に登場する。西木正明の直木賞受賞作『凍れる瞳』の表題作が挙げられよう。この作品は、捕虜虐待の罪でBC級裁判で処刑された男と、甲子園を目指して投げ合った不世出の元巨人軍投手・スタルヒンの宿命の人生の関わり合いを描いたものだ。フィクションではあるが、一部は史実に沿って描かれてもいる。

また芥川賞作家の辻原登『枯葉の中の青い炎』は同名短編集の表題作だが、３００勝達成を目前に苦闘する老いたスタルヒン投手に悲願を叶えさせるため、ひとたび間違えば大きな災いが襲うことを承知で、密かに南洋の呪術を使う男の物語だった。国籍を生涯持たず、第二次世界大戦時には日本名に強制的に改名され、軽井沢で軟禁状態になり、戦後はGHQの仕事を経て球界に戻るが、最後は読売巨人軍ではなく、弱小の球団を転々とする。稀有な人生がそういった作家たちに何らかのインスパイアを与えたというべきなのだろうか。

スタルヒン球場は高校野球の聖地としても存在感を見せている。かつては釧路、帯広など毎年、開催球場が持ち回りだった全国高校野球選手権の北北海道大会は、２０００年から正式に北北海道地区のメイン球場としてスタルヒン球場を使用している。また２０１５年には秋季高校野球北海道大会のメイン会場として使用されてもいる。つまり北北海道の高校球児たちのあこがれの場であり、そこで勝ち抜けば甲子園出場が現実のものになる。

当時はまだ北海道大会が南北に分かれてはいなかったが、スタルヒン自身は１９３３、１９３４年と、全国高校野球選手権の前身である全国中等学校野球優勝大会の北海道大会の決勝まで進出したが、あと一歩で涙を飲んでいる。久慈は北海道高野連50年史『白球の証』で、１９３４年の北海道大会で審判を務めた際に「あの守備ではスタルヒンがいくら頑張っても如何とも出来なかったらう」（原文ママ）というコメントを残している。

まさか久慈もその後、スタルヒンと全日本チームでバッテリーを組むとは夢にも思わなかったに違いない。この大会の会場は札幌の北大球場だった。円山球場は中等学校野球では１９３６年から使用しているので、北大球場を使用していたのだろう。ただしこの球場は、現在は高等教育推進機構や国際広報メディア観光学院などの校舎が建っており、現在の野球場A、Bとは違った場所にあった。

　スタルヒン球場にある像は、堂々とした彼の体躯をそのまま伝えてくれている。筆者が訪れたときは高校野球の秋季北海道高等学校野球大会旭川支部予選が開催されており、強豪として知られる旭川実業高校が試合をしていた。春の選抜大会２回、夏の選手権大会３回出場実績を誇り、初出場の１９９５年第77回全国高等学校野球選手権では翌年の優勝校である松山商業高校や選抜大会準優勝の銚子商業高校などを破り、「ミラクル旭実」と称され旋風を起こした。２回戦の鹿児島商業高校戦の９回２アウトからの逆転劇は、甲子園歴代ベストゲームのひとつに数えられる。

　さてそこから彼の母校・旭川東高校（旧制旭川中学）に向かう。ちょうど都心部の市役所の隣にある高校である。この高校には五本松記念館という施設があり、同校の歴史を展示するスペースがある。そこにスタルヒンに関する資料も展示されている（写真４）。旭川東高校はスタルヒン時代も北海道大会の決勝で敗れているが、夏の地方大会決勝で敗れること10度。日本で最も甲子園に遠い高校とも言われている。

　スタルヒン自身は１９３３年北海道大会準決勝の函館商業学校戦で18奪三振の完封勝利を挙げるが、決勝は北海中学（現北海高校）から12奪三振も味方の９失策に泣き、３－５

（筆者撮影）

写真４ 「旭川東高校・五本松記念館」

で敗れた。翌年の１９３４年も決勝で札幌商業学校（現北海学園札幌高校）から11奪三振、被安打２に抑えたがチーム５失策が響き３－４で敗退する。

直近の決勝戦進出は１９６９年のことになり、それから地区大会を勝ち抜くのもなかなか大変な状況にあると聞く。ご多分に漏れず地域一番校として文武両道で人材輩出をしてきた旭川東高校も少子化の影響、旭川の人口減少を受けて、クラスの数が減少しているのだそうだ。スタルヒンの時代とはグラウンドのレイアウトも変わっているが、それでも屋内練習場、投球練習場も備えられており、ましてやバックネット裏にはファンが練習や試合を観戦できる木製のベンチも設えられている。地域に愛される野球部の存在はとても大事だ。いつか甲子園に旭川東高校が初出場する日を夢見ている人たちが、数多くいるに違いない。

さて、スタルヒンの旭川での居住地は八条八丁目にあった。ロシアから逃げてきてのつかの間の安住の地であった。スタルヒン一家はこの場所で喫茶店「バイカル」を開いた。周辺はかつての遊郭もあり、小売店、飲食店が集まった界隈だという。現在もある八条七丁目の稲荷小路がその残滓なのだろうか。現在の買物公園を旭川駅から歩いて突き当たりまで行くと、そこが表示板のある居住地だ。しかし旧制中学１年時、父親が自らの経営していた喫茶店の従業員に対する殺人事件を起こし、懲役8年の有罪判決で服役中に獄死した。結局、この事件でスタルヒンは旧制旭川中学を辞め、上京して読売に入団することになる。

スタルヒンが旧制旭川中学から自宅まで通った通りは現在、八条スタルヒン通りと名前がつけられている。「八条プレジャー」という、スタルヒンも練習帰りに通ったという銭湯を経営されていた杉尾昇が中心になり、スタルヒンの顕彰活動を続けてきた結果だという。残念ながらこの銭湯も2020年8月末をもって閉店したとのことだが、このような活動がじつは大事なのだと思う。記憶を街に留めるということは、シビックプライドの形成にもつながっていく。簡単に言えば街の誇りである。人口流出に直面する地方都市には確立が不可欠である。

函館、そして旭川は往時の勢いを失っている。しかし久慈やスタルヒンの存在が、北海道の野球文化の文化基盤の形成にとって重要なのだと思う。その基盤の上に長いときを経て、駒澤大学苫小牧高校の全国高校野球選手権の連覇や、日本ハムの北海道移転にも何らかの影響を与えているに違いない。北海道は寒い冬があり、ましてや降雪もある。野球には不適合の地なのかもしれない。ゆえに長い間、野球弱者の地でもあった。しかし工夫や努力によりそのハンデキャップも薄れつつあり、改めて北海道の人々の野球愛もまた感じるのである。

福岡高校の甲子園出場回数は岩手県最多

久慈が幼少期から大学に入学するまでを過ごした岩手県は近年、MLBで活躍する菊池雄星、大谷翔平を輩出している。他にも2019年のNPBドラフトで千葉ロッテマリーンズの1位になった佐々木朗希や、読売ジャイアンツの1位も高校は青森山田だが、花巻出身の堀田賢慎だった。岩手県はまだ全国高校野球選手権、選抜高校野球大会でも優勝はない。菊池雄星が3年のときの選抜高校野球大会での準優勝が最高成績になる。それ以前は1984年の選抜高校野球大会で大船渡高校が初出場ながらベスト4に進出し、「大船渡旋風」を巻き起こしたことが印象に残っているくらいの戦績だった。

しかし久慈のいた旧制盛岡中学校（現盛岡第一高校）や旧制福岡中学校（現福岡高校）は、岩手県の高校野球の基礎を築くために、大きな影響を与えた。両校とも現在でも「バンカラ」のイメージが強いが、さすがに今日では応援団などにその面影が残っているに過ぎない。ただ盛岡一高の校歌のメロディーは、現在もなお軍艦マーチである。これは1908年に制定されたものだ。旧制盛岡中学は数多くの人材を輩出した。米内光政や及川古志郎などの軍人から、金田一京助、野村胡堂、石川啄木、宮沢賢治、松本竣介、舟越保武などの文化人まで数多くの先人がいる。

旧制盛岡中学の全国大会初出場は1917年になる。この時は大会3日目の2回戦で前年度優勝の慶應義塾普通部（現在の慶應義塾高校）と対戦。接戦を制しベスト4に進出した。また1968年には優勝候補の津久見高校を破りベスト8に進出した。この時の活躍が水島新司の漫画『ドカベン』に出てくる弁慶高校のモデルにもなったのではと言われている。明訓高校が唯一、甲子園で負けたのが、岩手県代表の弁慶高校だった。盛岡一高はその後も全国大会出場を重ね、現在まで計9回の出場を誇っている。モデルは基本的に盛岡一高説が定説になっているが、応援団が県大会の会場である盛岡まで25時間かけて徒歩で行くというエピソードが、先述の福岡高校にはある（写真5）。

岩手県にあるのに福岡高校、所在地も二戸だ。福岡高校は甲子園には盛岡一高を凌ぐ10回出場している。最後の出場は1985年の全国高校野球選手権である。現時点ではこの

（筆者撮影）

写真5「福岡高校グラウンド」

10回が岩手県の高校としては最多となっている。何度かモデルチェンジしたが、現在のユニフォームは大正末期からの左胸に「H」のマークが入っているものが復活している。これは現在のローマ字の主流になっているヘボン式ローマ字に対して、旧制福岡中学出身の地球物理学者、田中舘愛橘の考案した日本式ローマ字に拠っている。つまり「FUKUOKA」ではなく「HUKUOKA」の頭文字を取ったものだ。

福岡高校の応援歌のひとつである「始戦歌」は、明治大学の校歌をモチーフにしたものだ。大正末期に旧制福岡中学の中津川昇二が同校卒業後に明治大学に進学、野球部に入部したことから、先輩であった天知俊一（のちの中日ドラゴンズ監督）が旧制福岡中学にコーチとしてやってくる。そして1927年の全国中等学校優勝大会に初出場を果たす。

バッテリーは戸来誠と村田栄三だった(写真6)。戸来は4年時に明治大学に進学したが、投手としてはケガのせいで大活躍とはいかなかった。村田は日本大学に進学。その後は仙台鉄道局にはじまり盛岡、二戸、青森に勤務。赴任各地で指導した全4校を甲子園に導いた。1940、1942年の仙台一中、1947年の福岡中、1960年の青森高校、そして1973年の盛岡第三高校である。東北の名伯楽として知られる人物だ。

さて1927年の第13回全国中等学校優勝大会では、初戦で同じく初出場の桐生中学に

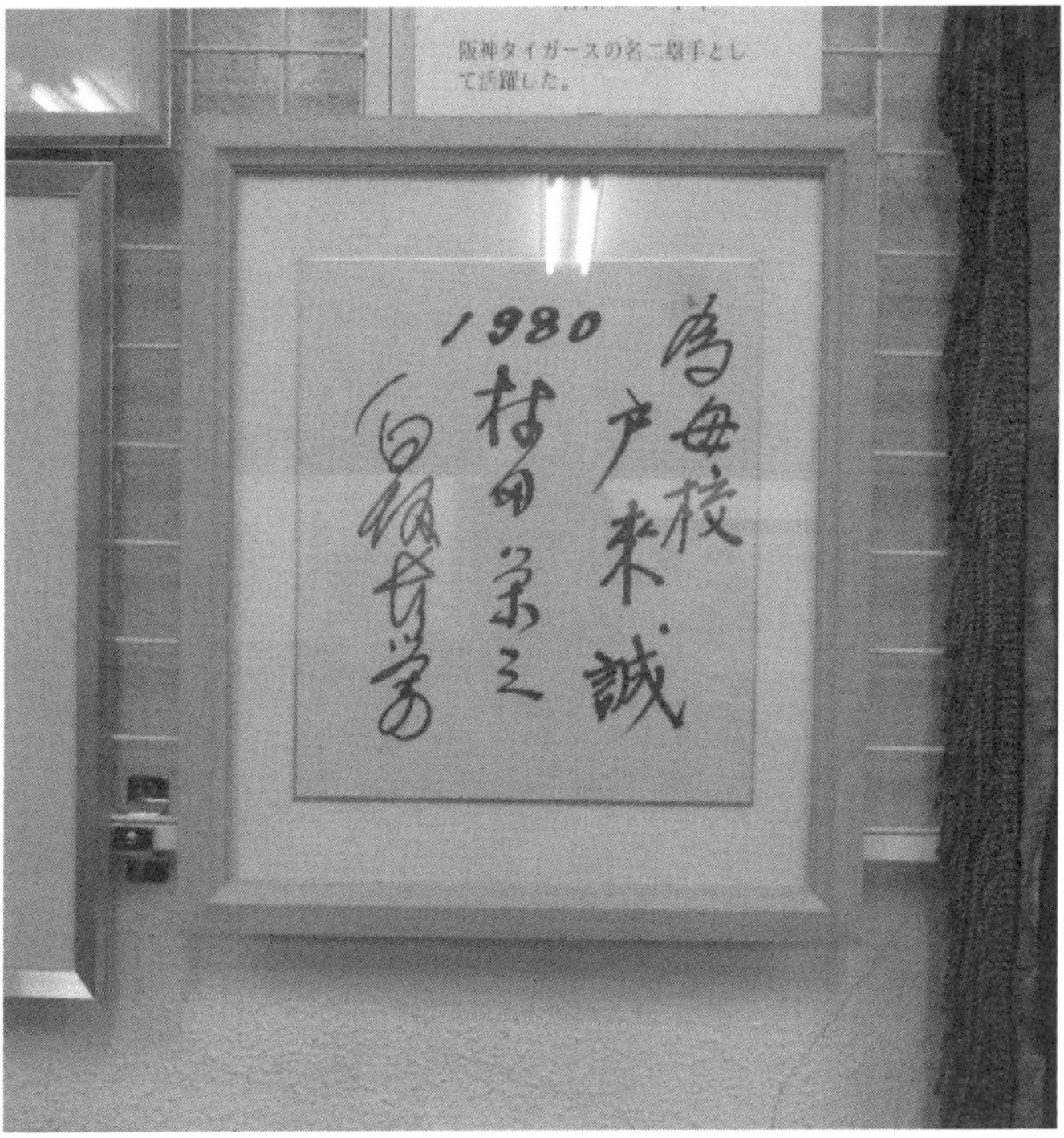

（筆者撮影）

写真6「福岡高校・福陵会館」
戸来誠、村田栄三のバッテリーが母校に寄せたサインが飾られている

4－1で勝利し、準々決勝で高松商業と対戦した。高松商業はこの大会で優勝を遂げるが、福岡中学はこの試合で延長11回に0－1で敗れる。しかし印象的だったのは、9回裏の高松商業の攻撃で、一死二塁で福岡中学のバッテリーが取った敬遠満塁策だった。ふたりを歩かせ、一死満塁、そこで次打者2球目を高めに外し、三塁走者だった水原茂を挟殺、さらに次打者を三振に取って、ピンチを凌いだ。これが日本初の敬遠満塁策とされている。

強豪校相手に奮闘する北東北の無名のチームに心を打たれた、学生野球の父と呼ばれた飛田穂洲は、新聞紙上で福岡中学の戸来と福岡中学野球部を称えた。そして彼は福岡中学を見つめ続け、戦後には新制になった福岡高校を訪問したりもしている。水戸出身の飛田は、藤田東湖が称えた下斗米将真の出身地から参加した福岡中学に、特別な思いがあったとも言われている。

先人を敬う街・盛岡で育った久慈次郎

二戸は1972年に福岡町と金田一町が合併して誕生した。2006年に浄法寺町とも合併したが、現在でも人口は約2万5千人の小都市だ。足を向けてみても、この街が東北の高校野球のひとつの震源地だったという面影はない。歩いていても静かな空気が流れているだけだ。しかし、東北の旧制中学が甲子園で注目された初期の事例であったことには疑念の余地はない。

後日談としてのエピソードも興味深い。戸来、村田は1934年には岩手選抜に選ばれ、発足したばかりの職業野球チームの読売との対戦に臨む。これは読売が宣伝を目的としての北海道、東北遠征の企画の一環だった。場所は完成したばかりの花巻球場、しかし戸来、村田のバッテリーの再現はならず、戸来は参加していた盛岡中学出身の久慈とのバッテリーを組むことになる。相手の読売はスタルヒンだった。急造バッテリーであったが、久慈のリードも冴え、0－1の惜敗だった。しかし、岩手県選抜はスタルヒンから2安打しか奪えなかったという。

また1947年に福岡中学は6回目の全国中等学校優勝大会への出場を決めるが、岩手県予選は村田が監督を務め、奥羽大会は昭和初期に活躍したOBの鈴木銀之助が監督を務めた。そして甲子園での采配は戸来監督の采配で1回戦勝利の後、2回戦で高岡商業に敗れている。

日刊スポーツ『甲子園100年物語～輝いた東北の男たち～』では、甲子園へ4校を5度出場に導いた「東北高校野球の父」として村田の記事が載っているが、村田が亡くなった後の子息への取材を行い以下の文章で締めている。

「亡くなる直前、久はベッドの父のうわごとを聞いて驚いたという。『さあこい、戸来』。80年前、満塁策を一緒に成功させた相棒の名を呼んだ。数多くの球児を聖地へと導いた名将はその最期に、ひとりの野球少年に戻り、甲子園に帰っていたのかもしれない」（石井康夫）

しかし村田と違って、戸来のその後の消息はあまり明らかになっていない。関西の商社に勤めたという話と、『福陵百年史：福岡高校百周年記念誌』に収録されたOBの座談会（1994年）には、1993年に亡くなったことについて触れられている程度の情報くらいである。数奇なふたりの人生だ。少し戸来について補足しよう。戸来は1928年東北大会1回戦から東北大会決勝まで42イニングを投げ、67個の三振を取っている。スタルヒンが1934年の北海道大会1回戦から決勝まで43イニングを投げ71個の三振を取っているが、それと遜色のない成績だ。

先述したように福岡中学はエースとして活躍した中津川が1926年の中学卒業後、明治大学に進学しており、後輩のコーチとして福岡中学に来る予定だったが、急用で難しくなり、代わりにさらに先輩にあたる天知俊一が来ることになった。天知は明治大学在学中に二度、アメリカ遠征を行っており、村田に授けた敬遠満塁策も、この時のアメリカ遠征で見聞したものだと言われている。

今回の二戸では郷土史家の小船浩幸氏にお世話になった。福岡高校野球部の歴史について調べておられ、ウェブマガジンなどでも記事を公開されている。主には『陣場台熱球録』である。二戸観光協会の『いわてのてっぺん「ｊａｐａｎの郷 にのへ」』にも転載されているので、ご興味のある方はぜひ、ご覧いただきたいと思う。同時に、彼のように精魂込めて母校の野球部について調べている方の存在をもっと知ってもらいたいとも思う。

戸来のその後はまだ闇の中だ。いくつかの手がかりめいたものは見つけたのだが、それを精査するためには相当の時間が必要だろう。戦前、戦後の野球界の動きとシンクロする部分も見え隠れするが、それはまた後日に譲りたいと思う。『陣場台熱球録』には、個人の郷土を愛する気持ちが背景にある。これが地域の野球史の発掘にとっては最も重要なことだと思う。全国各地、まだまだ知られていないことは多い。もちろん野球に関しても同様だ。

二戸を後にして盛岡に向かう。盛岡も岩手の野球の源流だ。こちらには久慈を輩出した盛岡一中（現盛岡一高）がある。久慈が早稲田大学に進学したのは1918年、当時の早稲田野球部のコーチは飛田だった。最初はあまり目立たなかったようだが、1920年には技量の向上を飛田も指摘しており、とくに1921年のアメリカ遠征でさらにプレーは洗練された。

久慈の旧居宅を訪ねてみよう。そこは盛岡市加賀野2丁目で現在はボールが埋め込まれた形の顕彰碑が建っており、ベンチもある小さな公園になっている。「久慈次郎記念緑地」というそうだ。久慈は青森の生まれだが、父親の仕事で幼少期からこの場所で過ごした。都心部からは徒歩でも行けるが、JR盛岡駅からはタクシーかバスが便利だ。しかしバスは本数も少ないので、前者のほうがセーフティかもしれない。

盛岡市内を貫流する中津川から近い距離にあるが、それほど大きくはないので、探すのは大変だ。中津川は水底が見えるほどの清流で、水鳥が遊び、サケが遡上することでも知られている。前もって位置を確認してから行ったほうがいい。ただ周囲は住宅地で、近くの目印は岩手大学附属中学校ということになろうか。

盛岡先人記念館は1987年に開館、新渡戸稲造、米内光政、金田一京助をはじめ、政治・経済・文化など各分野で活躍した１３０人の先人たちの遺品や資料が展示されており、その中に久慈も紹介されている。盛岡は先人を大事にする街だ。これは岩手県全体の風潮でもある。花巻と宮沢賢治、盛岡（旧渋民村）と石川啄木に象徴される。近年ではこのようなスタンスを取る自治体が増えている。いわゆる地域アイデンティティ、シビックプライドの涵養に結びつけて、人口の域外流出の阻止に活用しようとしているのだろう。

大分、甲府、唐津、上田などでもそういった試みが行われているが、盛岡は先駆者と言えるのかもしれない。これは盛岡の文化、風土が背景にあるのだろう。変化する社会の中で、伝統を守ることは容易ではない。しかしすべてが変わればいいというものではない。残すものは残すという勇気も、ときには大事なのではないだろうか。将来的に有意なものの選別、判断は確かに難しい。ただ盛岡を訪れて感じる安堵感の根底には、そういった変わらないものが確かに残っているということではないだろうか。それは具体的な景観だけではなく、空気感や雰囲気といった抽象的なものを含めてのことだ。

盛岡一高も野球関係の人材を輩出している。まずは久慈、そして４章にて語られる天狗倶楽部にも参加していた「岩手野球の父」と呼ばれる獅子内謹一郎もこの学校の出身だ。創立１４０年、進学校としても地域一番校であり、文武両道を実践している。

近年では福岡高校と同じく、私学の花巻東高校、盛岡大附属高校の後塵を拝しているとはいえ、夏の中等学校優勝大会、全国高校野球選手権に9回出場している。意外なことに選抜への出場はない。盛岡一高はＪＲ盛岡駅から徒歩だと20分くらいの距離にあり、岩手大学のキャンパスの向かいにある、木立に囲まれた校地である。しかし久慈の盛岡中学入学が１９１２年なので、盛岡中学の現在地への移転前になる。

盛岡中学は１８８５年に最初の校舎が設置された。江戸時代、盛岡城の内堀と中堀の間を内丸と呼んだ地区であり、ちょうど岩手県庁や盛岡市役所のあるあたりだ。岩手銀行の本店もこの界隈にあるが、その横の歩道の植え込みに、石川啄木の歌が刻まれた御影石でできた「盛岡中学校濫觴の地」の石碑が建っている。ここにかつての盛岡中学があり、久慈はこの場所に通ったことになる。

北上川とその支流が街中を流れ、岩手山を望む風光明媚な盛岡であるが、出郷する人々も故郷として大事にしてきた街である。函館に居を構えた久慈にとっても生涯、盛岡は特別な街であり続けたことに疑念の余地はないだろう。

第3章

福島｜野球熱でつながる常磐炭鉱と磐城高校

FUKUSHIMA

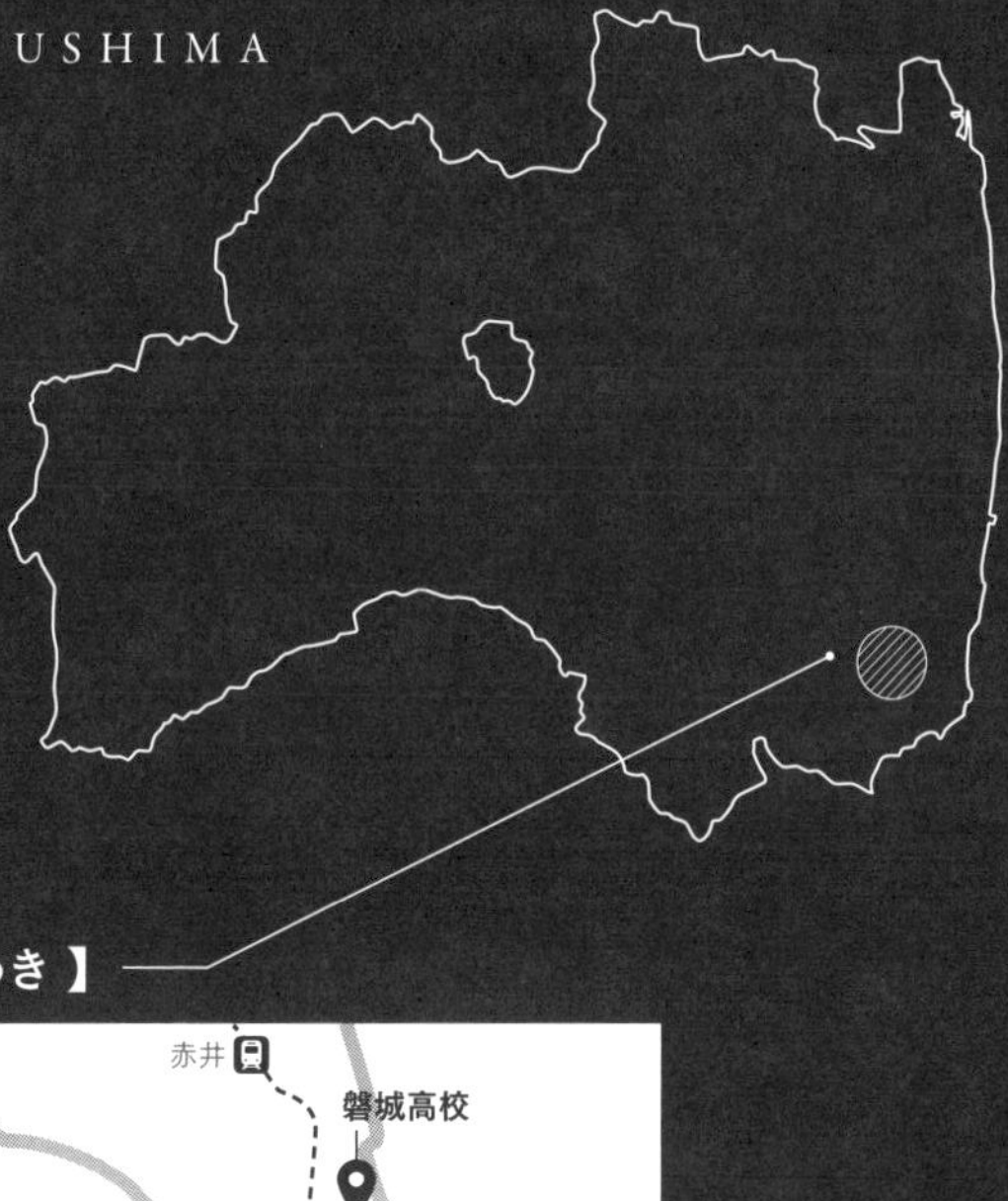

【いわき】

都市対抗野球の常連だった常磐炭鉱

福島の野球といえば近年の高校野球の聖光学院高校が想起される。しかし長年、福島の野球を発展させたひとつの拠点がいわきである。1971年の全国高校野球選手権での磐城高校の準優勝を覚えている人もいるだろう。須永憲史監督率いる小柄な選手が揃ったチームは、「小さな大投手」と言われた165㎝の田村隆寿を擁して決勝まで勝ち上がり、神奈川の桐蔭学園高校に0－1で惜敗する。いまだに東北の高校は真紅の大優勝旗を手にはしていない。現在まで何度も優勝の手前で屈した東北の高校だが、磐城高校もあと一歩だった。全試合をひとりで投げ抜き、1失点だけの準優勝投手は、長い歴史を誇る全国高校野球選手権の中でも彼しかいない。

しかし準優勝に終わったが、地元の人たちは彼らのパレードを大きな歓声で迎えたという。ちょうどこの年にいわきの経済を支えてきた常磐炭鉱が閉山を決めた。完全にすべての炭鉱が集結するのが1984年だが、中核になっていた常磐炭鉱の閉山は街全体に将来への不安を掻き立てた。

いわきだけではなく、高度経済成長期に炭鉱で繁栄した都市が数多くあった。北海道、福岡県、長崎県などの炭都である。しかし相次ぐ閉山により、人口は堰を切ったように減り続けた。教育機関、医療施設、防災施設などのインフラも崩壊し、人口規模でいうと往時の10分の1以下になってしまった都市もあり、夕張のような財政再建団体になってしまった都市もある。

振り返るに炭鉱全盛期は炭鉱企業が福利厚生としてスポーツに力を入れたことから、産炭地は野球熱を帯びていくのである。社会人野球の強豪チームがいくつもでき、都市対抗野球でも存在感を放っていた。そしてそこからプロ野球の世界に羽ばたいていった選手も数多くいた。炭都では高校野球もその熱気に支えられていた。

炭鉱企業と地域の高校野球の紐帯は太かったといっても、現在では想像することも難しいかもしれない。炭都において炭鉱企業は地域一番企業であり、社員の子息たちも近隣の学校に通うことになり、野球が好きであれば高校に進学し、野球部に入るというのが一般的であっただろう。現代とは違って、そこには明確に生活共同体としてのコミュニティがあった。

常磐炭鉱野球部は戦後の1947年から活動が本格化した。浜通り南部から茨城県北部の常磐炭田は最盛期に約3万人が働き、約130の炭鉱で年間400万トン以上を産出する全国有数の炭田として活況を見せた。野球部の設立は企業PRと従業員慰安のためが目的で、1952年には社会人野球の頂点の都市対抗大会に初出場を果たし、1958年、1960年、1962年にも出場して常連組になった。

また石炭から石油へのエネルギー転換による炭鉱不況で、野球部は1962年に解散した。しかし、1964年には会社再建の士気を高めようとし、系列会社なども加えた「オール常磐」として復活し、1966年の都市対抗では過去最高成績となるベスト8に進んだ。これが最後の活況だった。

昭和30年代に都市対抗野球の常連だった常磐炭鉱野球部も地域の高校の野球部を支援、ボールなど備品の援助のみならず、指導者の派遣も行っていたという。1963年に磐城高校を全国高校野球選手権初出場へ導いた出沢政雄監督もそうだったが、やはり常磐炭鉱が閉山した後、地域が地域の出直しに取りかかった頃、1971年に準優勝した磐城高校も地域にどれだけの明るい話題を提供したことだろう。

『ドカベン』で明訓高校と決勝戦で戦うことになるいわき東高校は、磐城高校がモデルと言われている。ドカベンこと山田太郎が1年のときだ。「出かせぎくん」と呼ばれ、フォークボールを武器にする緒方勉がエースの高校だ。『ドカベン』では、炭鉱が閉山になり、野球が終わったら選手は離れ離れになるという設定だった。

磐城高OBが福島に野球文化を根付かせる

現在の磐城高校はかつての男子校ではなく、共学校になっているが、小高い丘の上にある校地の中でも、グラウンドの広さが目立っている。

かつての常磐炭鉱野球部のグラウンドは、温泉施設の近くにあった。いわき市石炭・化石館から山をひとつ越えた位置だ。現在では広大な空き地になっており、地形的にはすり鉢の底にあるように見える。おそらくこの場所の傍らを通過する人々も、ここがかつて野球場だったことには気がつかないかもしれない。それほど変哲のない空き地である。歓声とはほど遠い空疎な空間が、そこに存在し続けていると言えばいいのだろうか（写真7）。

常磐炭鉱野球部では、1948年から1949年に小野田柏が監督を務めている。彼は

（筆者撮影）

写真７「常磐炭鉱浅貝球場跡」

戦前に阪急に在籍し、戦後、間もなくは社会人野球で活躍した。１９４７年の都市対抗野球で、初の天覧試合でのホームランを打ったことでも知られている。彼はその後、毎日オリオンズに入団、プロ野球生活6年を過ごした。そして再び常磐炭鉱野球部のコーチを5年間務めている。彼は岩手県の旧制福岡中学の出身で、常磐炭鉱野球部にも同校出身者が多い。二戸といわきがそういった形でつながっているのも興味深い。

小野田のプロ入り後には、戦前に早稲田大学、大連実業団などで活躍した名投手・谷内五郎が１９５０年から監督を務めている。読売へコーチとして入団するのが１９５３年だったので、わずか2年の間だった。ただこの頃の資料は年号表記が、資料によって違ったりもしているので、ご理解いただきたい。谷内は１９７９年には野球殿堂入りも果たしている。

常磐炭鉱からプロ野球に入って最も活躍したのが小野正一だ。サウスポーの速球派として知られた彼は磐城高校出身で、１９５０年に秋季東北大会県予選準決勝まで進んだが、甲子園には出場できなかった。常磐炭鉱から清峰伸銅を経て、１９５６年に毎日オリオンズに入団した。プロ野球での実働は15年、通算１８４勝１５５敗の成績を残し、ＮＰＢ歴代13位（２０２０年シーズン終了時点）の通算２２４４奪三振を記録した。

しかし大洋、中日と渡り歩き、1970年に親分肌で若手から慕われていた小野に対し、マスコミは黒い霧事件への関与を疑い、セ・リーグ会長が小野の潔白を証明する事態にまで発展した。小野はこの騒動に嫌気が差して現役を引退し、その後は球界から離れた。

全盛期は1960年の大毎オリオンズ（1958年に毎日と大映が統合）時代で、当時の西本幸雄監督の意向で先発からリリーフ主体の登板に配置転換されたが、最多勝利（33勝）、最優秀防御率（1・98）、最高勝率（・750）、最多完封勝利（5完封）の4冠に輝いた。当時の大毎は田宮謙次郎、山内一弘、榎本喜八など打線が充実していた一方、投手の中心としてリーグ優勝に大きく貢献した。

ただ、彼が常磐炭鉱時代に活躍したという記録は残っていない。主に一塁手を務めていたらしいが、もちろん投手兼任だったようで、清峰伸銅に移籍してからプロ野球からの話があったとのことだ。しかし黒い霧事件で印象が悪くなったのか、彼は野球殿堂入りを果たしてはいない。記録的には野球殿堂入りした選手と遜色がないのに残念なことである。

さて炭鉱は「一山一家」であるので、常磐炭鉱が活況を呈していた時代には全国の産炭地に、野球が培ったコミュニティが存在していた。石炭産業は明治時代以降、日本の産業の重要な役割を担ってきた。石炭の輸送、積み出しによって鉄道、港湾などのインフラ整備が進展したという側面もある。とくに昭和に入ってから重化学工業の発展とともに、石炭産業も一層の活況を迎えることになり、日中戦争から第二次世界大戦期まで最盛期を迎えることになる。戦後は一時期、産炭量も落ち込むが、戦後復興の重要政策として、石炭及び鉄鋼の増産に傾注することになり、産炭量も回復基調になっていく。

しかし１９５０年代に中東、アフリカなどで大規模な油田が発見されたことで、世界的なエネルギー革命が起きた。日本の石炭は坑内掘りが主体で、採掘条件に恵まれておらず、生産コストの上昇により、安価な石油、そして海外炭にシフトしていくことになる。それによって各地の炭鉱は続々と閉山していくことになる。決して石炭需要がなくなったわけではなく、コスト競争の結果だったと言えよう。

炭都は大半がすでに往時の勢いもなく、人口減少に喘いでいる。いわきのように産業転換がうまく進んだ都市もあるが、しかし炭都は少なくとも野球という文化を残したとも言える。確かに人口減少によって基盤も揺らいでいると見ることができるが、それでもその基盤形成のプロセスを確認することは必要に違いない。

コミュニティという存在があって、初めて文化基盤が形成される。もちろん野球もその範疇に入る。今回、いわきへは前日に別件の所用が新潟であったので、車で関越、北関東道、常磐道と移動した。予定より早めに着いたので、まず磐城高校に向かった。いわきは幹線道路を外れると、道路が曲線的になり、また狭くなるので磐城高校に行くのにも難儀した。しかし感動には巡り合った（写真8）。

グラウンドの裏で車を止めて、幻の昔日に思いをはせた。ちょうど丘の上にある磐城高校のグラウンドは広い。行ったのが昼の時間だったので、もちろん誰の姿もなかったが、このグラウンドから1971年の奇跡が生まれたのだ。

全国的になかなか公立高校が勝ち進むことが難しくなってきた現在ではあるが、いわきは少年野球が盛んだと聞く。これも常磐炭鉱が野球に熱心に取り組んできたことの影響に違いない。また1971年の磐城高校の準優勝メンバーからは、何人かが福島県の野球指導者になった。エースだった田村隆寿は卒業後、日本大学、社会人で野球を続け、その後指導者として安積《あさか》商業（現帝京安積高校）の監督に就任。1979年の第61回全国高校野球選手権、1982年の第64回大会に同校を率いて出場した。そして1983年には母校である磐城高校の監督に就任し、1985年の第67回大会で甲子園に出場。その後、福島県では甲子園常連校になった聖光学院高校の監督に就任。1991年の秋季県大会で優勝、甲子園への途をつけた。

（筆者撮影）

写真８「磐城高校」

また同じ準優勝メンバーでは、ショートの先崎史雄が１９８７年の第69回大会で日大東北高校を、センターだった宗像治が福島北高校から１９８８年春の選抜大会に出場。２００４年から10年間、県高野連理事長を務めた。１９７１年の磐城高校は単に準優勝を遂げたわけではなく、福島県に野球文化の種子を蒔いてきたのである。

いわきは近隣に福島原子力発電所があるので、いまだに東日本大震災の影響も少なくはない。そして今回のコロナ禍だ。いわきは常磐炭鉱閉山以降、観光へと転換し、現在のスパリゾートハワイアンズ（かつての常磐ハワイアンセンター）を軌道に乗せた。この経緯は２００６年に公開された映画『フラガール』を観れば概略は理解できる。しかし観光産業も厳しい状況が続いている。

磐城高校は２０２０年の選抜高校野球大会に21世紀枠で選ばれたが、新型コロナの影響で同大会が中止となり、代替大会である交流試合で甲子園に出場したが、３－４で国士舘高校に惜敗した。まだまだ彼らの可能性が残っていることの証明だと思う。福島県では聖光学院高校の天下にあるが、正式な甲子園の大会でブルーが印象的なユニフォームをまとい、躍動する日を待ち望んでいるのは筆者だけではないだろう。

第4章

東京｜大学野球の源流を辿る

TOKYO

【東京】

立大・新座グラウンド
立大・東長崎グラウンド跡
立大・池袋グラウンド跡
新橋アスレチック倶楽部
本拠地グラウンド跡
安部球場跡
安部磯雄記念野球場
東大球場
明大・内海・島岡
ボールパーク
学士会館
明大・和泉
グラウンド跡
明大・島岡
球場跡地
新宿
新橋アスレチック倶楽部
本拠地グラウンド跡
東京
渋谷
洲崎球場跡
慶大・三田綱町グラウンド
慶大・稲荷山グラウンド跡
慶大・田園調布球場跡
芝浦球場跡／品川・保健場
法大・川崎総合グラウンド
慶大・新田運動場跡
慶大・日吉台球場
羽田球場跡

日本で初めての野球チームが新橋で誕生

野球は１８７１年に来日したアメリカ人ホーレス・ウィルソンが当時の東京開成学校予科（のちの旧制第一高等学校、東京大学）で教え、その後、全国に広がったとされる。また１８７３年に東京・芝にあった開拓使仮学校（のちの札幌農学校、北海道大学）で最初の試合が行われていたという説もある。

さて日本人では草創期に重要な人物として、アメリカ留学から戻り、野球を伝えた平岡凞が挙げられよう。彼は１８７８年に、当時勤めていた工部省鉄道局の仲間や学生たちを集めて日本で初めての野球チーム・新橋アスレチック倶楽部を結成したことで知られている。そして新橋停車場構内に日本初の仮運動場をつくった。１８８２年には野球場をつくり、これを「保健場」と名付けた。『白球太平洋を渡る』によれば、「保健場」とはレクリエーション・パーク（Ｒｅｃｒｅａｔｉｏｎ Ｐａｒｋ）を翻訳したものであったらしい。

平岡はチームにはユニフォームを着せ、アメリカ滞在時にのちにスポーツ用品会社を興すアルバート・スポルディングと知り合い、野球用具を手に入れた。また彼は英語を教えるため徳川一門の家にも出入りしていたが、徳川達孝が三田に運動場をつくり、ヘリクレス倶楽部を立ち上げ、新橋アスレチック倶楽部としばしば対戦したという。しかし1887年に平岡が新橋鉄道局を退職すると解散となり、野球場は鉄道用地となった。『野球を歩く：日本野球の歴史探訪』によれば、この「保健場」は新橋停車場構内の芝浦寄りにあり、天然芝を植えたグラウンドだったと推測されている。

さてその後、野球は大学野球が主体になっていき、1882年には駒場農学校（のちの東京大学農学部）が新橋アスレチック倶楽部と日本初の対抗試合を実施したという記録が残っている。また1883年には東京英和学校（のちの青山学院大学）、波羅大学（のちの明治学院大学）、工部大学校（のちに東京大学へ統合）の野球部が創部、以降、1888年には慶應義塾（のちの慶應義塾大学）、一中（のちの第一高等学校）、1901年に東京専門学校（のちの早稲田大学）にも野球部ができ、最初の早慶戦は1903年に実施される。場所は慶應義塾の三田綱町球場だった。慶應義塾から西へ400mほど行ったところに開設された。

それまでは三田山上の稲荷山北側の広場（現在の大学院棟のあるあたり）が運動場とし

てあてられていた。『三田評論』に寄稿された「慶應義塾史跡めぐり」によれば、「塾出身の名取和作が経済学専攻のためにアメリカに行った際、すっかり野球通になって帰ってきた。当時のアメリカはメジャーリーグの過渡期で、大学チームの旺盛時代であった。名取が1902年に帰国すると、大学教授となるとともに野球部長になった。名取は、塾生に新しい戦法だけでなく、メジャーリーグやアメリカの学生生活を語り、塾生もそれに感化された。そしてひとつの問題点としてグラウンドの整備が挙げられたのであった」という経緯が背景にあったようだ。

早慶戦は早稲田大学が先輩格の慶應義塾大学に挑戦状を出したことから始まった。挑戦状を作成したのは、当時の早稲田大学の主将だった橋戸信だといわれている。試合は11－9で慶應義塾の勝利だった。すでに慶應義塾は一高にも勝っていた。三田綱町球場は現在、慶應義塾大学三田綱町グラウンドになっているが、1924年には野球部は田園調布球場（のちの田園コロシアム）、1926年からは新田球場に拠点を移している。そして1941年からは現在の横浜市港北区下田町に移転した。

早稲田大学野球部は1901年に創部、翌年に校地に隣接したところに戸塚球場（のちの安部球場）が竣工、この球場は1943年に「最後の早慶戦」を行った会場としても知られるが、1987年に閉鎖、現在の西東京市東伏見に移転した。左翼111m・中堅122m・右翼102m、室内練習場完備の近代的施設になった。

1920年に早稲田大学のOBが中心になって、日本で最初のプロ野球チーム・日本運動協会（通称芝浦協会）が結成された。その源流を遡上していくと、天狗倶楽部に行き着く。これは1902年頃に、野球好きだった冒険小説家の押川春浪を中心に結成された。当初は「文士チーム」などと呼ばれていたが、羽田球場で早稲田大学野球部とアメリカ軍艦クリーブランド乗員チームと試合をした際に、前座としてやまと新聞チームと試合を行ったのを機に『萬朝報』はこのチームを天狗倶楽部と呼んだ。

天狗倶楽部は野球だけではなく、相撲の普及にも力を入れた。会員、非会員の区別もなく緩やかなつながりのスポーツ集団と捉えてもいい。押川の弟・押川清、河野安通志、橋戸信、飛田穂洲など早稲田大学野球部の関係者が多く関与しており、その後の日本運動協会設立時にも橋戸が社長、河野と押川が専務を務めた。学生野球の父と称される飛田も生涯プロ野球とは関わりを持たなかったが、日本運動協会の設立には協力している。

天狗倶楽部が試合をした球場のひとつには羽田球場があったが、現在はすでにない。経営は京浜電気鉄道（現在の京浜急行電鉄）で、のちの宝塚球場や阪神甲子園球場などにつながる、鉄道会社による球場経営の先駆的事例であった。しかしクラブチームの対戦で賑わった羽田運動場であるが、1916年の大洪水で流出する。再建案も出たが、結局はそのままになり羽田球場の幕は閉じられることになる。

日本運動協会はプレーすることで報酬を得るという、現在のプロ野球の原点的なチームであった。協会は翌年には本拠地となる芝浦球場を開設、収容人数約2万人、テニスコートやクラブハウスも併設してあったとされる。日本運動協会はのちに全国に対戦相手を求めて行脚することになるが、結成直後は早稲田大学のOBで結成された稲門倶楽部、慶應義塾大学のOBで結成された三田倶楽部との対戦が主体であった。芝浦球場の跡地は現在のゆりかもめの芝浦ふ頭駅の近くにある、埠頭公園内の港区立少年野球場がある場所である。

しかし1923年の関東大震災後、芝浦球場は戒厳司令部により救援物資の集積場になり、試合の開催ができなくなり、翌年、日本運動協会は解散、その後、芝浦球場も閉鎖ということになった。日本運動協会はやがて宝塚運動協会という形で再建されることになるが、プロ野球の源流という点でもっと評価されてもいいだろう。

日本の野球界は長く学生野球が中心であったが、1913年にニューヨーク・ジャイアンツ、シカゴ・ホワイトソックスの混合チームの来日や、ベーブ・ルースをはじめとしたMLBの隆盛の情報が日本まで届いていたことも追い風になり、日本でも徐々にプロ野球設立の動きが高まるようになった。学生野球の人気が高まるにつれてスター選手が現れる反面、学業を疎かにしたり、不祥事を起こしたりという傾向も目立ち、早稲田大学野球部長の安部磯雄は憂慮。OBだった河野安通志が学生の模範になるプロ野球の球団をつくることによって、学生野球を浄化しようとして日本運動協会を設立したと言われている。

チームの設立に関しては河野と、早稲田大学でチームメイトだった押川、橋戸が中心になった。なお、1921年には奇術の天勝一座も球団を持ち、日本運動協会に続いた。1923年には遠征中の日本運動協会とソウルで対戦している。

しかし日本でプロ野球が定着するのは、1936年にプロ野球球団として活動していた東京巨人軍（設立時大日本東京野球倶楽部、現在の読売ジャイアンツ）、大阪タイガース（現在の阪神タイガース）の2球団に、名古屋軍（現在の中日ドラゴンズ）、東京セネタース（間接的に北海道日本ハムファイターズのルーツ）、阪急軍（現在のオリックス・バファローズ）、大東京軍（のちの松竹ロビンス、消滅）、名古屋金鯱軍（消滅）の7球団で日本職業野球連盟が設立された。1937年には後楽園イーグルス（消滅）、1938年には南海軍（現在の福岡ソフトバンクホークス）が加入した。

いわゆる戦前の1リーグ制である。ただし当時はまだ野球場があまり整備されていなかったので、当初は早稲田大学の戸塚球場を借りて試合が行われた。神宮球場はアマチュア野球専用で、プロ野球に貸し出されることはなかった。1936年のプロ野球は東京、大阪、名古屋で開催された。大阪では甲子園球場、宝塚球場、名古屋では山本球場、鳴海球場、東京では戸塚球場の他、セネタースの本拠地である上井草球場、大東京軍の本拠地である洲崎球場を用いた。そして翌年、西宮球場と後楽園球場が誕生する。

『洲崎球場のポール際 プロ野球の「聖地」に輝いた一瞬の光』は、洲崎球場を物語の入り口とし、沢村栄治がノーヒットノーランを演じた伝統の巨人阪神戦を描き、しかし、わずか1年後の1937年にできた後楽園球場にその座を奪われ、球史から消えてゆく様を綿密な調査をもとに記したものだ。しかし時代は戦争に突入していき、多くの野球人が犠牲になる。日本の野球にとっては、一瞬の光の時代なのかもしれない。洲崎球場に関しては『野球を歩く：日本野球の歴史探訪』でも触れられている。

現在では東京メトロ東西線、東陽町駅から徒歩圏内に記念碑があるが、「洲崎球場跡」と記載され、その下に「『伝統の一戦（巨人・阪神）』誕生の地」とある。球場開設前は東京瓦斯の用地だったらしい。かつては満潮時にグラウンドに海水が侵入し、コールドゲームになったというエピソードや客席をカニが這って歩いていたという話もある。ちょうど現在の警視庁第九機動隊の建物の正面にあたる。

上井草球場は西武鉄道がつくった球場である。東京セネタース創立時に西武鉄道が関与していたことによる。西武鉄道沿線ということで利便性は高かったが、やがて都心にできた後楽園球場での開催試合が増え、西武鉄道は上井草に総合運動場を計画していた東京市にこの球場を寄付することになる。神宮球場が進駐軍に接収されていた戦後の時期には東京六大学野球の試合も開催されていたが、プロ野球の試合も行われていた。しかし１９５９年に東京都は水道の貯水池を建設するために上井草球場を廃止、その後１９６７年に貯水池の上に上井草総合運動場が完成した。現在は杉並区に移管され、区営上井草スポーツセンターとなっている。

当時の面影はほとんど残ってはいないが、区営上井草スポーツセンターは西武新宿線上井草駅で下車、徒歩５分くらいの距離にあり、周囲は閑静な住宅地である。上井草球場ができた頃には周囲にはまだ武蔵野の雑木林が残っていたに違いない。住宅地の中のスポーツ施設としては貴重な存在だ。

東京六大学の野球場跡を巡る

さて日本野球は学生野球から始まった。ここで大学野球の聖地・神宮球場とそこに関わってきた東京六大学野球の歴史を辿ってみたい。明治神宮球場が正式名称で、１９２６年に完成し、明治神宮外苑競技場（現在は国立競技場が建設されている）とともにつくられた。同年、初試合として東京対横浜の中等学校代表、東京六大学選抜紅白試合が行われ、東京六大学はその後の秋季リーグから一部の試合で使用、翌年から都市対抗野球大会も開催されるようになる（１９３８年から後楽園球場での開催になる）。

しかし早慶戦などで収容能力を増やす必要が生じたため、１９３１年に内外野スタンドを増設、当初の収容人員、２万９千人から５万８千人となった。東京六大学はこの年からリーグ戦の全試合を神宮球場で開催するようになり、翌年から東都大学連盟のリーグ戦も開催されるようになる。戦後はＧＨＱの接収を経て、東京六大学野球は１９５０年秋季リーグから全試合での開催を実施している。

戦前までは日本の野球の潮流の中心にあったのは、紛れもなく東京六大学であった。１９０３年の早慶戦に端を発し（１９０６年からは中断）、１９１４年に明治大学が加盟し、早慶明の三大学によって初めてリーグ戦が組織された。１９１７年に法政大学、１９２１年に立教大学、１９２５年に東京帝国大学（現東京大学）が加盟、東京六大学野球連盟が発足する。この対抗戦での野球リーグは次第に野球を一般認知されることに寄与し、戦後のプロ野球隆盛期を迎えるまで、日本における野球競技としての指導的立場も担ったと言える。

ここでは時代を遡上して東京六大学の個々の野球場の変遷を辿ってみよう。それも野球ファンには十分、聖地になるのではないだろうか。早稲田大学は戸塚球場（のちの安部球場）が有名だが、当時の野球部長だった安部磯雄が大学に隣接していた農地を地主から借用する形で、野球場の建設を行った。戸塚球場では１９０８年にアメリカのメジャーリーグ選抜チーム、リーチ・オール・アメリカンと早稲田大学が対戦するところから、海外チームとの招聘試合が始まった。１９１４年からの早稲田、慶應、明治の三大学リーグ戦、１９２５年からは東京六大学野球でも使用されたが、やがて舞台は神宮球場に移行する。１９３３年には日本で最初の照明設備が設置される。戦火が迫る中、１９４２年には東京六大学野球加盟校は次第に活動停止に追い込まれ、1943年には戸塚球場で最後の早慶戦となる、出陣学徒壮行早慶戦が開催された。

1949年には安部が亡くなり、安部球場と改称、戦後は全国高校野球大会東京大会で使用されることもあったが、早稲田大学野球部の練習拠点として、1987年の閉鎖まで存在感を示してきた。しかしその後は西東京の東伏見野球場に移転する。なお、2015年には「安部磯雄記念野球場」と改称、かつての安部球場の跡地には早稲田大学総合学術情報センターが設置され、図書館、会議場などが入っている。センターの入口には安部、飛田穂洲の胸像が設置されている（写真9）。

三田綱町球場以降の慶應義塾大学は、1924年から田園調布に舞台を移す。東急東横線田園調布駅東口を出て、大田区立田園調布小学校の南側にあたる場所だ。「田園テニス倶楽部」に隣接するマンションが跡地になる。1989年に閉鎖になる「田園テニス倶楽部」のメインスタジアム、「田園コロシアム」がここにあった。

その後、慶應義塾大学野球部は1926年に東京府荏原郡矢口村（現東京都大田区千鳥2丁目）に野球場を新設する。いわゆる陸上のトラックやサッカー場も併設した総合グラウンドだった。野球場の収容人員は1万5000人、敷地内に合宿所も設置され、神宮球

（筆者撮影）

写真９　安部球場跡

場の拡張工事が完成するまで東京六大学野球の公式戦も行われた。しかしその後、日吉に新たな運動場が建設されることになり、新田球場は売却された。

現在の東急池上線の千鳥町駅は、開業時には慶大グラウンド前という駅名だった（写真10）。設置当時は東京六大学野球などの開催時にのみ営業した臨時駅だった。当時の目黒蒲田電鉄の武蔵新田駅との間で集客合戦が繰り広げられる。当時の東京六大学野球の人気をうかがい知ることのできるエピソードだ。しかしその後、１９３３年に神奈川県橘樹郡日吉村（現横浜市港北区）に日吉校舎を開設し、大学予科を移転する。野球場は現在の横浜市港北区下田町、日吉本町に慶應義塾大学が約1万９８００坪の敷地を求め、開設した総合グラウンドに設置された。１９４０年のことであった。合宿所もつくられたが、現在の日吉本町の外国人教員用宿舎である慶應ネッスルハウスの建っている場所にあった。

新田球場跡は現在では住宅地になっており、周辺の住宅、工場、店舗、学校が混在しているが、ここだけが周囲と少し雰囲気を異にしている。現在の東京都大田区千鳥2丁目のうち、12番の西側部分、13～25番、29～32番、35番、37番の北側部分と、現在でも野球場の区画が建物の区画から読み取ることができる。

『東京の空の下、今日も町歩き』では、以下のような文章が登場する。

（筆者撮影）

写真 10「東急池上線・千鳥町駅」（旧慶大グラウンド前駅）

「（池上線の）次が千鳥町駅。〝ローカル私鉄〟は駅と駅の間隔が短い。この駅は大正12年開設当時、光明寺の参道にあたるので「光明寺前駅」と名付けられたが、昭和の初めに慶應のグラウンドがつくられたのをきっかけに「慶大グラウンド前」と改められた。グラウンドは千鳥駅町と目蒲線の武蔵新田駅の間、千鳥小学校のあたりにあった。当時は野球といえばプロ野球ではなく六大学野球。特に慶應は人気があった」

中でも水原茂は大スターだった。当時の銀幕の大女優・田中絹代とのロマンスもゴシップ記事で随分取り上げられたようだ。真偽のほどはわからないが、彼女は新田球場そばの矢口町323（現下丸子1丁目）に転居してきてもいる。プロ野球の誕生前、大学野球が花盛りの時代だったことを象徴するエピソードだ。

さて早慶戦は1903年の開始以来、人気のカードになっていたが、それと同時に応援過熱を招き、1906年秋には第1戦、第2戦の後、互いの大学の創立者である大隈重信邸、福澤諭吉邸の前で万歳を行うという状況が起き、両校の応援は一触即発の様相を呈した。このときは第3戦が中止を余儀なくされる。以降、早慶戦は長い空白期間に入ることになる。

1914年に早稲田、慶應、明治による三大学リーグが発足し、1917年には法政、

1921年には立教と拡大するが、早慶戦のみが行われない変則的な開催であった。もちろん野球でもOB戦、他競技での対抗戦は実施されたものの、なかなか実施には至らず、1925年の東京帝国大学（現東京大学）の参加から、明治が中心となり早慶戦の復活に向けて尽力。東京六大学連盟が発足し、19年ぶりに早慶戦が再開されることになる。

さて早慶以外の大学の野球場の変遷も見ていこう。明治大学野球部は1910年に創部し、翌年には早慶と対戦、1912年には早稲田に初勝利を収め、それが1914年の早慶明の三大学リーグの結成につながった。先述のように、明治は中断されていた早慶戦の復活にも大きく寄与したが、海外遠征などで力をつけた明治は1923年に五大学リーグで初優勝、六大学リーグに拡大してからも湯浅禎夫、中村峰雄などの強力投手陣を中心に秋春連覇、1937年からは史上初の4シーズン連覇と、強豪校になっていく。

そして1953年には戦後初優勝を果たし、1955年までに2度の大学日本一を達成。島岡吉郎監督の采配の下、リーグ優勝15回、全国大会優勝8回（大学選手権5回、神宮大会3回）を達成した。島岡の指導は総監督に退任した時期を含め37年に及び、その独特の指導は「人間力野球」と言われた。現在は府中の内海・島岡ボールパークが使用されているが、ここは旧三井物産グラウンドで、2006年に調布市の通称島岡球場から移転した。

内海・島岡ボールパークは人工芝の第一球場と天然芝の第二球場があり、室内練習場や合宿所も完備している。

遡ると明治大学は、1910年に豊多摩郡中野町の7000坪の土地を購入している。それは現在のJR中央線東中野駅である甲武鉄道の柏木駅のそばにあった。これが明治大学野球部の発祥の地である。特定は難しいが、『日本野球の黎明（三大学リーグの結成）―1910年から1914年までの明大野球部の活動を中心に振り返る―』によれば、現在の明治大学中野高校の付近だったらしい。

その後、1916年に駒沢村の世田谷砲兵旅団の東南の1万坪の土地を購入、跡地は明治薬学専門学校に売却された。そして1930年から和泉に取得していた土地に移転、1934年に明治大学予科が移転してくることになる。調布に移転するのは1960年のことになる。慶應義塾大学と同じように幾多の変遷の歴史である。

法政大学を見ていこう。法政は1915年に最初のグラウンドを柏木に求めている。ただ明治とは違い、法政大学野球部のHPによれば、現在のJR大久保駅付近と記されている。ただ調べてみると諸説ある。1936年9月9日の『東京朝日新聞』では、「法政の球場－実は試合のための借球場は一時一ツ橋内にあったが大正八、九年頃とはなつて球場はまだ麦畑に包まれてゐた中野の新井薬師に移つた。移つたといふより戻つてきたといふ方が適切であるかもしれない。なぜなら、このグラウンドは大正四年に野球部の創立と共に誕生してゐたからである」と記されている。

『法政大学80年史』には以下の記載がある。「はじめは、校内でキャッチボールをしていたのを、学校当局と交渉して用具をそろえ、放課後靖国神社の広場で練習していた。その後に中野にグラウンドができてから」。この中野は果たして大久保だったのか、新井薬師だったのか、真偽のほどはわからない。法政大学の『ＨＯＳＥＩ　ＯＮＬＩＮＥ』には以下のように記載されている。「大正時代に入って早慶戦の人気で野球熱が高まる中、本学の学生たちも校庭や近くの靖国神社に集まり、自主的なサークルのかたちで野球を楽しみ始めました。本学の野球部が正式に発足したのは、１９１５（大正４）年のことです。12、13人のメンバーが大学に掛け合い、柏木（現在の新宿区北新宿周辺）に専用のグラウンドと野球用具を用意してもらってのスタートとなりました」。

ただ新井薬師にあったグラウンドは、西武新宿線新井薬師前駅を出て西へ１００ｍほど歩いたところにあったらしい。広さは５０００坪を超えていたようだ。法政大学がグラウンドを川崎に移転した後に、この跡地は勝巳商店という不動産業者の手で住宅地として売却される。しかし戦争前という時期、そして新井薬師前駅周辺も戦災を受け、住宅地としての開発は本格的には戦後のことになった。

川崎のグラウンドは木月にある。ここは当初、東京横浜電鉄（現在の東急電鉄）から寄付された部分を含む3万3000坪の土地を取得、1936年に予科の校舎が完成、市ヶ谷から移転してくる。同時に予科図書館、総合グラウンドなどが設置された。現在まで法政大学野球部はここを本拠地にしている。同じ校地には法政大学第二中学校、高校がある。合宿所は最初は校地内にあったようだが、現在は徒歩圏内に設置されている（写真11）。

立教大学は東京・築地の外国人居留地に、宣教師によって私塾「立教学校」として開校した。その後、関東大震災によって被災、1918年に校地を現在の池袋に移転した。その際に現在の4号館あたりにグラウンドが設置され、1924年にはスタンドが設置されたが、翌1925年に東長崎に移転することになる。この東長崎の土地は、1924年に築地にあった立教中学校の被災により、代替地として求めたものであった。

この東長崎のグラウンドは戦後の1966年まで野球部の本拠地となり、現在は旧都立牛込商業高校から移行した都立千早高校の校地になっている。野球部は東長崎から埼玉県新座市北野に移ることになった。大学の財政上の問題から、東長崎のグラウンドを東京都

（筆者撮影）

写真 11「法政大学川崎総合グラウンド」
1936 年に市ヶ谷から移転した

に売却することになったのである。野球部合宿所の智徳寮も同時に移転した。

しかし立教大野球部の聖地といえば、東長崎のグラウンドになる。1950年代後半から長嶋茂雄、杉浦忠、本屋敷錦吾の通称「立教三羽烏」が大活躍した黄金時代はこの東長崎のグラウンドによって培われたものだ。残念ながら都立千早高校に記念碑等は見当たらないが、一度、足を向けてもいいかもしれない。同校は西武池袋線東長崎駅から徒歩圏内で、地下鉄有楽町線の千川駅からも行くことができる（写真12）。

砂押邦信は長嶋たちが大学1・2年のときの監督であり、のちに国鉄スワローズ（現東京ヤクルトスワローズ）でも監督を務めたほどの人物だった。彼は「鬼の砂押」と呼ばれるほどのスパルタ指導で、練習終了後の夕食の後にも1000本ノックを行うほどの熱血指導で有名だった。大学入学の際にはあまり守備がうまくなかった長嶋が後に華麗な守備でも注目されるようになるのは、この時代があったからだといわれている。しかしそのスパルタ指導は上級生の反発を招き、退任を余儀なくされてしまう。

しかし紛れもなくこの時代は、立教の黄金期だった。1953年には天皇杯、全日本野球選手権を制し、このときに砂押が発案した縦縞のユニフォームは現在まで引き継がれている。砂押退任後の1957年には「立教三羽烏」の活躍によって、チーム初の春秋連覇

（筆者撮影）

写真 12「東京都立千早高校」（旧立教大学東長崎グラウンド）

を達成、春には大学日本一になった。長嶋は当時リーグ新記録の通算8号ホームランを最終戦で打ち、この試合でチームは連覇を決めた。長嶋たちが卒業した翌年もチームは好調を維持し、再び春秋連覇を達成。1938年の明治以来、史上2校目の4連覇を遂げた。1959年も秋季で優勝を果たしている。この輝ける時代は東長崎のグラウンドとともにあった。現在、立教大学野球部の本拠地は新座キャンパスの中にあり、また黄金時代の再来を虎視眈々と狙っている。

東京六大学野球には、まだ一度も優勝したことのない東京大学も加盟している。この章の冒頭でも触れたように、野球はホーレス・ウィルソンが東京開成学校の学生に教えたことがはじまりと言われており、開成学校があった学士会館には「日本野球の地」の碑がある。つまり日本の野球の歴史を考えると、東京大学野球部の存在の意味は深い。

当初、東京帝国大学は京都帝国大学との定期戦が唯一の目的だったが、1920年に一高から内村祐之が入学し、チーム力が向上した。早稲田大学などとも好試合を演じ、1925年に加盟が認められて東京六大学野球連盟が発足する。ただ、当時の学制の事情で他校が予科含め5、6年の在籍が可能だったのに対し、東京帝国大学は本科3年のみで戦力不足は否めなかった。しかし東武雄、清水健太郎のバッテリーを擁し、チーム力も向上していることによって、加盟が認められた。

戦後、六大学野球再開後は2位になったこともあったが、いまだにリーグ戦での優勝はない。最近は他の5大学と戦力の隔たりも大きく、2017年秋から続いた連敗は2021年に法政大学に勝利し、ようやく64でストップした。今後の奮起が期待される。

しかし東京六大学の各校の中では東京大学野球部は唯一、東京23区内に本拠地を構えている。文京区弥生の農学部内にある東大球場は1937年に建設されたもので、終戦後に神宮球場が占領軍に設置されていた時代は、六大学野球の公式戦も行われたことがある。2010年には文化庁の有形文化財としても登録された。スタンドのアーチ型の屋根やベンチは木製で、レトロ感が漂っている。

球場は小型サイズで、正式な表記はないものの、両翼は85m、中堅105mと言われている。根津神社の南に位置しており、外野フェンスの外は樹木で覆われている。合宿所の一誠寮に掲げられている看板のエピソードは有名だ。「誠」の字の「成」の最後の一画が欠けている。揮毫した当時の野球部長長与文郎の書き損じだったらしいが、この一画は野球部が六大学のリーグ戦で優勝したら入れるということになった。しかし東大野球部はいまだリーグ戦で優勝したことがないため、現在も欠落したままとなっている。

さて現在では大学野球の人気もプロ野球の登場により、主役の座を追われた状況にある。しかし日本の野球の歴史は、大学野球の存在を抜きには語れない。今は消えてしまった各大学の野球場跡を訪ねてみるのも一興だろう。

第5章

三重　京都

戦火に散った伝説の大投手・沢村栄治

【伊勢】

【京都】

戦争に翻弄された沢村栄治の現役後期

伊勢は戦前の日本のプロ野球を代表する投手・沢村栄治の故郷である。彼は三重県の宇治山田市（現伊勢市）の岩渕町で生まれ、明倫小学校に入学し、そこで野球の才能を発揮し始める。中学は京都商業に進んだため、それ以降の彼の人生は宇治山田とは乖離していく。明倫小学校の後輩には沢村同様、若くして戦没した詩人の竹内浩三がいる。2004年に稲泉連の評伝『ぼくもいくさに征くのだけれど　竹内浩三の詩と死』が発表され、多くの人に知られるようになった。入営中に記された日記などに書き残された詩は、青年のみずみずしい感情を歌っており、彼の人生が若くして途絶えてしまったことに対しての哀惜の念は絶えない。

さて近鉄の宇治山田駅前には沢村の等身大ブロンズ像が建立されている。生誕100周年の記念にと計画されたものだが、資金難により2年遅れで2019年に披露されたという。像は沢村の特徴である左足を高く上げたフォームが形づくられている（写真13）。また沢村の実家は、宇治山田駅の前にある明倫商店街を抜けたところにある。若干、わかりづらいが、現在は駐車場になっているところに案内板も立っている（写真14）。明倫商店街はひなびた商店街の風情だが、沢村を街の活性化につなげようと努力しているようだ。パネルの展示、マップの配布と余念はない。

しかしコロナ禍の影響もあり、また訪れた日が平日だったこともあってか、日中の商店街に人影はなかった。沢村が戦前に活躍した選手として今もなお、多くの人々に知られている。とくに１９４７年に制定された、その年に最も活躍した完投型先発投手に与えられる沢村賞（正式には沢村栄治賞）の存在が大きい。沢村が在籍していた読売ジャイアンツの経営主体である読売新聞社が制定したことにより、当初はセ・リーグの選手のみが対象になっていたが、１９８９年にパ・リーグにも拡大された。

もちろん、日本のプロ野球黎明期を語る上でも欠かせない選手のひとりだ。中等学校野球では、京都商業の投手として甲子園で台頭し、その後、１９３４年11月に開催された読売新聞社主催の日米野球の全日本チームに参加する。静岡草薙球場での好投（０－１で惜敗）が注目され、全日本チームを基礎として結成されたプロ野球球団「大日本東京野球倶楽部」（現在の読売ジャイアンツ）に入団。全国遠征、アメリカ遠征を経て、戦後、日本

（筆者撮影）

写真 13 「沢村栄治結びの像」（近鉄宇治山田駅前）

野球機構（NPB）となる日本野球連盟史上初の最多勝利を獲得。また初の最高殊勲選手にも選出され、史上初のノーヒットノーラン達成などさまざまな記録を打ち立てた。

沢村の傑出した野球人としての評価は揺るぎのないものであろう。彼は現役引退後、2度目の応召によるフィリピンへの移送中に、アメリカ軍の潜水艦からの攻撃を受け、乗船していた輸送船が沈没し戦死した。この2回目の応召は現役兵時代を入れると通算3回目になり、兵役に就くたびに手榴弾の投擲などで投球に支障をきたすようになる。

彼の現役生活の後半は、戦争に翻弄されたと言える。現役兵時代や除隊後の彼の投球には輝きが失われていたという。それでも読売ジャイアンツに解雇されるまで、彼は懸命に野球と向き合った。上がらなくなった腕で、サイドスローやアンダースローへの取り組みまで試みた。彼の焦燥はいかばかりだったのだろう。輝いていた時期が伝説の大投手・沢村栄治のイメージを形成したことはもちろんだが、短い人生の中で彼の後半生の苦悩の時代にもっと注目すべきだと思う。

明倫商店街には生誕100周年を記念して、「全力石」というものが設置されている。この石には「人に負けるな　どんな仕事をしても勝て　しかし堂々とだ」という沢村の言葉が刻まれている。この石の名前は地元の小中学生の公募で名付けられたという。時代が流

（筆者撮影）

写真14「沢村栄治生家跡」

れていく中でどうしても記憶は薄れていくため、このような地元の若い世代に向けてのアクションも必要になっていくに違いない。とくに地域からの若年層の流出が顕著になっている現在において、地元を愛する気持ちの醸成は大事だ。

戦前の巨人と阪神のエースを生んだ伊勢

さて沢村の墓は伊勢の岩渕町にある一挙坊墓地にある。その墓石はボールを模した形で、前面に読売ジャイアンツの「G」が、後面に沢村の背番号で、読売ジャイアンツの永久欠番でもある「14」が刻まれている。ただ２０１７年に沢村の墓は縁戚者の事情で墓じまいが行われ、現在は東京に移ったのだという。現在は記念碑としてこの墓地に残っているのだそうだ（写真15）。

ここは距離的には、宇治山田駅から十分に徒歩圏内だ。沢村の墓は伊勢郵便局の裏手にあるが、墓地自体が山の斜面にあり、かついくつかの墓域に分かれているので、地図上で特定してから行かないと結構、道に迷うことになる。沢村の墓は一挙坊墓地入口から少し

（筆者撮影）

写真 15 「沢村栄治墓碑」

進み、右手に折れてしばらく行ったところにある。どちらかというと古い墓地なので、全体的に寂寥感があった。

ただ墓と対峙した際には、平和の尊さを感じずにはいられなかった。頭上には秋の青空が広がり、街中なのに静かな時間が流れていた。ただ平和を享受するだけではいけないだろう。この状態をいかに維持するのかが重要なのだ。安穏とばかりしてはいられない。また沢村のいた時代に戻ってはならない。改めてそんなことを思うひとときであった。

沢村栄治が戦前の読売ジャイアンツのエースだとすれば、阪神タイガースのエースは西村幸生となる。くしくも西村も伊勢の出身で、彼は沢村と違って地元の宇治山田中学に進学している。野球部のエースとして活躍し、キャプテンも務めたが、三重県大会で勝ち上がるも東海大会で敗れ、甲子園への出場は果たせなかった。１９２９年に西村は宇治山田中学を卒業。その後、名古屋の実業団だった愛知電気鉄道鳴海倶楽部を経て、１９３１年に関西大学予科に入学。その後、法学部に進む。

西村が野球部に入部して以降、関西大学は黄金時代を迎え、１９３２年春から１９３６年秋にかけて関西六大学リーグで８連覇を果たす（１９３４年には関西大学はリーグを一時脱退）。また１９３２年には東京六大学リーグのうち、東京帝国大学を除く５大学と対戦し、全勝を果たす。彼は大学野球で屈指の強豪になった1933年と1936年にはハワイに遠征し、ここでも活躍した。そして西村はこの遠征で生涯の伴侶、末子とも出会う。彼女は西村が戦死したのち、実家のあるハワイに戻り、4人の娘を育てた。

西村は試合に勝利して得た賞金で酒を飲むことを好んだことで、野球評論家の大和球士は主戦投手をもじって「酒仙投手」と名をつけた。ただ当時の関係者によれば、酔っても乱れることのない飲み方だったという。彼は1937年に、現在の阪神タイガースの前身である大阪タイガースに入団する。同郷の沢村との対戦を望んでのことだった。1937年秋、巨人との開幕戦でリリーフして勝利投手となると、9月8日から10月4日までのタイガース14連勝の間には5勝を挙げるなどして、チーム独走の象徴的存在となり、エースの座をつかんだ。

このシーズン、西村は15勝3敗、防御率1・48で、最多勝、最優秀防御率の二冠となった。1937年12月1日から12月7日にかけて、春優勝チームの巨人との間で行われた4勝先取の年度選手権決定試合では、登板した3試合すべてで完投勝利し、年度優勝の立役者となった。とくに、第1戦と最終戦の第6戦では、巨人のエース沢村との投げ合いを制し、シーズン優勝に続いて、ここでも現在で言う胴上げ投手となった。

１９３８年も春のシーズンで最優秀防御率に輝き、タイガースの年度優勝に大きく貢献するが、翌年には肩の故障のため不振に陥る。その後１９４０年にはタイガースを去り、満州に渡り、新京の実業団・新京電電でプレーするも１年で引退する。１９４４年に応召、１９４５年にフィリピンのバタンガスで戦死することになる。１９７７年、特別表彰で野球殿堂入りした。

伊勢には彼の弟が開業した鰻屋「喜多や」がある。ちょうど外宮のそばにあるので足を向けてみた。店内の壁には西村の写真などの資料が飾られている。昼時を外して行ったのだが、店内は結構、混んでいた。鰻を食べて会計の際、店の女将に軽く立ち話で墓の場所を訊くと、西村の墓は大世古の新墓にあるという。墓碑銘は「幸岳院悟参球道居士」。タイガースのマークが入った線香台、バット型の花台が設置されているそうだ。

さて伊勢では１９７３年に倉田山球場に沢村の胸像、その２年後に向かい合う形で、西村の胸像が建立された。また地域では少年野球の小学生の優勝旗を沢村旗、中学生の優勝旗を西村旗と名付け、彼らの偉業を讃えている。また２０１４年には改装された同球場のこけら落としとして、プロ野球のオープン戦、読売ジャイアンツ対阪神タイガースの試合が開催された。伝統の一戦が伊勢で開催されるのは、１９４９年の山田球場での沢村と西村の追悼試合以来となった。

ふたりの名投手に敬意を表し、巨人の全選手が沢村の背番号「14」を、阪神の全選手も西村の「19」のユニフォームを身に着けて試合に挑んだ。両選手の胸像は並んだ形で移設され、郷土の誇りとして今もなお球場の入口近くにある（写真16）。移設記念式典では、沢村の長女・酒井美緒、西村の長女・津野田ジョイス幸子も駆けつけ、歴史的な1日になったという。

倉田山球場は、徒歩では宇治山田駅から遠い距離にある。バスかタクシーを利用したほうが賢明だろう。しかし戦前の読売ジャイアンツと阪神タイガースのエースが、この伊勢の出身であったことには驚きを禁じ得ない。またふたりとも戦禍によって野球の夢が潰えたことに、切なさを感じずにはいられない。ただ、日本の野球文化の形成には彼らの存在なしでは語れない。

もう直接、彼らの現役時代を記憶している人もほとんど残ってはいないだろう。ただ伊勢では彼らにまつわる数々の聖地、そして彼らの名前を冠した少年野球大会などを通じて、彼らの功績が地域に浸透していくことが重要なのだ。シビックプライドの醸成に、彼らの存在が寄与していくことを望むだけである。

（筆者撮影）

写真16「沢村栄治、西村幸生胸像」
（ダイムスタジアム・倉田山公園野球場）

冒頭に触れた詩人・竹内浩三もフィリピンで戦没した。沢村、西村とともに、多くの未来ある若者たちが戦場に赴き、帰って来なかった時代を筆者は経験していないが、各々の人生に思いを馳せる際には、やはり切ない気持ちになる。竹内の墓地も、2005年までは沢村と同じく一誉坊墓地にあったらしいが、現在は朝熊山金剛寺にあるという。今回は時間がなく足を向けることができなかったが、伊勢も確実に人材を輩出している街なのだ。

竹内の代表作『ぼくもいくさに征くのだけれど』を改めて紐解いてみよう。この一編の詩は「竹内浩三全作品集　日本が見えない　全1巻」に収録されている。伊勢の空は限りなく青く切ない。日本は太平洋戦争で、軍人だけでも212万人が戦没したとされる。その中には沢村、西村、そして竹内のように応召で戦地に赴いた者も少なくはない。

「街はいくさがたりであふれ
どこへいっても征くはなし　勝ったはなし
三ヶ月もたてばぼくも征くのだけれど
だけど　こうしてぼんやりしている

ぼくがいくさに征ったなら
一体ぼくはなにするだろう　てがらたてるかな
だれもかれもおとこならみんな征く
ぼくも征くのだけれど　征くのだけれど

なんにもできず
蝶をとったり　子供とあそんだり
うっかりしていて戦死するかしら

そんなまぬけなぼくなので
どうか人なみにいくさができますよう
成田山に願かけた」

『ぼくもいくさに征くのだけれど　竹内浩三の詩と死』
（稲泉連・中央公論新社・2004年）

伊勢という街を捉える上で、伊勢神宮の門前町としての性格も重要であるが、風土が生んだ人々の人生を辿ってみるのも、また違った意味での風土を知る術になるに違いない。伊勢市内の高校も戦後、宇治山田商業高校、伊勢工業高校、明野高校が甲子園に出場しているし、市内の高校から輩出されたプロ野球選手も少なくはない。しかしやはり伊勢神宮の存在と観光というイメージの前に、霞みがちだ。

伊勢では２０２０年で第27回にもなる沢村栄治旗争奪学童軟式野球大会が小学生を対象に実施されており、２０１３年からは地元の少年野球チームである伊勢志摩ボーイズが中心になっている、硬式の少年野球大会「第１回沢村栄治旗交流大会」も始まっている。また全国大会の予選会を兼ねた、やはり２０２０年で第27回になる「西村幸生旗争奪中学生軟式野球大会」も開催されている。

先人の偉業の継承、そして野球文化の基盤形成に沢村、西村の果たした役割は決して小さなものではない。今後、伊勢からどんな野球人が巣立ってくるのか、とても楽しみでもあるし、またさらに野球の盛んな街になってもらいたいものだ。

故郷を離れ京都商業へ進学した沢村

沢村が学生時代を過ごした京都に赴いてみよう。京都も第1回の全国中等学校優勝大会で優勝した京都二中（現鳥羽高校）から始まって、全国高校野球選手権だけでも優勝は龍谷大平安高校の３回（準優勝４回）、準優勝は京都商業高校（現京都先端科学大学附属高校）、京都外大西高校、京都第一商業高校（現西京高校）、京都成章高校があり、選抜高校野球大会では京都一商、龍谷大平安がともに1回優勝し、京都商業、京都第一商業高校（廃校）が準優勝している。その代表的存在である龍谷大平安は、２００８年に現校名に変わるまでは「平安高校」だったが、夏は34回、春は41回の出場を誇り、春夏通算１００勝（夏60勝、春40勝）を挙げている。

まず向かうのは京都先端科学大学附属高校だ（写真17）。ここにもＯＢである沢村栄治の銅像がある。京都先端科学大学附属高校は、１９２５年に京都市吉田に京都商業学校として開学する。１９２８年に現校地に移転しているから、沢村が通ったのは移転後である。

（筆者撮影）

写真 17 「京都先端科学大学附属中学校高等学校（撮影当時の校名は京都学園高校）」（旧京都商業）

現在の右京区花園である。最寄り駅は京福電鉄龍安寺駅になるだろうか。もちろん徒歩圏内である。銅像は校門を抜けてすぐの場所にある。２００３年に学校創立80周年を記念して建てられた。

台座には宇治山田の明倫小学校、京都商業とバッテリーを組んだ山口千万石の言葉として「永遠の誇り沢村栄治像を未来の平和に願いを込めて、母校に学ぶ若人諸君に贈る」と記されている。戦火に巻き込まれて生涯を終えた沢村への、鎮魂の意味が含まれている。京都商業時代の沢村は、３度の甲子園出場を果たしている。初出場となった１９３３年春の大会は、2回戦でのちに阪神入りした藤村富美男率いる広島の大正中（のちの呉港中学）と対戦し、15奪三振の力投で優勝候補を撃破した。翌１９３４年の春の大会では、初戦の大阪の堺中戦で先発全員を含む17奪三振の快投を見せる。さらに、同年秋の京都府予選では、準々決勝で9回23奪三振のノーヒットノーラン、準決勝・決勝は2試合合計35奪三振の3連続完封勝利で、3度目の甲子園切符をつかんだ。

沢村が地元の宇治山田を離れて、京都商業に進んだ理由は明確ではないが、やはり京都は当時、野球が盛んだったということなのかもしれない。京都二中、京都一中、京都一商の公立に同志社、立命館を加えた5校がしのぎを削っていたところに平安中学の台頭があった。京都商業も平安中学に続けとばかりに野球部が創設された。沢村の活躍もあり、現在までに野球部は春夏合計15回の出場を誇り、読売に入団した中尾碩志、南海に入団した神田武夫から、最近ではソフトバンクで活躍した大隣憲司の母校でもある。

グラウンドは密集する民家に囲まれてあまり見えなかった。当時とはレイアウトが違うのかもしれない。しかし紛れもなく不世出の大投手として、今もなお「沢村賞」というNPB最高の賞に名を留めている彼のジャンピングボードになったのは、京都商業の時代だった。しかし彼は5年生なかばで中退、1934年10月14日から全日本チームの合宿に参加した。場所は千葉県・谷津遊園内の谷津球場である。現在、球場はないが、そこに「読売巨人軍発祥の地」の碑が残されている。そこから沢村は無双と言っていいほどの伝説をつくっていく。

さて、京都先端科学大学附属高校から京福電鉄北野白梅町駅に向かって歩く。移転前の京都工芸繊維大学の跡地に建つUR花園団地を抜けると、高校が目の前に現れる。京都府立山城高校だ。ここも歴史のある高校で、前身の京都五中学校として1907年に創立された。選抜高校野球大会には1回、全国高校野球選手権には3回の出場を誇っている。また後者の地区予選には、1915年の第1回大会から皆勤出場している文武両道の高校だ。

ＯＢには阪神の名遊撃手で、監督も務めた吉田義男などがいるが、どちらかというとサッカー選手のほうが多いかもしれない。代表的な選手としては、メキシコオリンピックで銅メダル獲得の立役者となった釜本邦茂がいる。ここもグラウンドが広い。筆者がそばを通ったときにはグラウンドに人影はなかったが、プールから声が聞こえた。おそらく体育の授業の最中だったのだろう。

第6章

和歌山

全試合完封で甲子園を制した
嶋清一の故郷を訪ねて

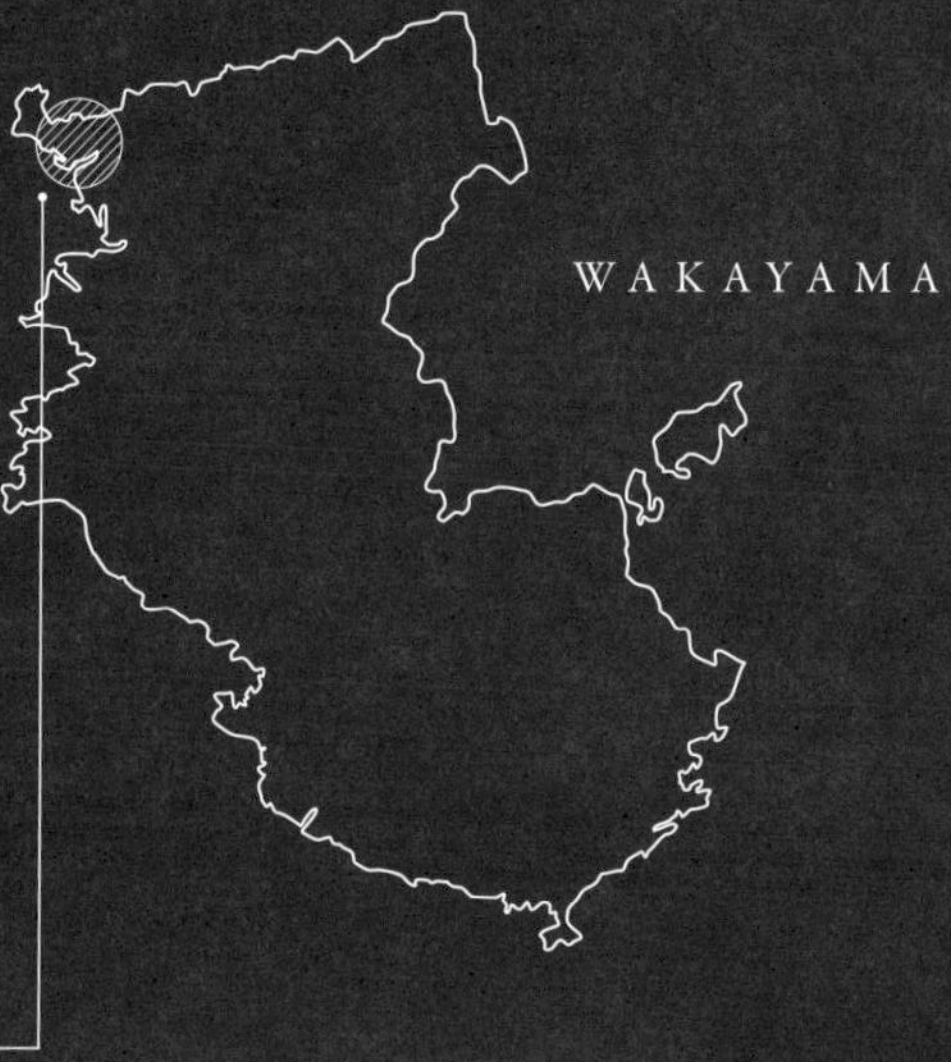

【和歌山】

甲子園の準決勝・決勝でノーヒットノーラン

伊勢から京都へ、和歌山経由での道程をとった。JRの普通列車で新宮まで行き一泊した。すでに故人になってしまった古角俊郎が監督を務め、前岡勤也を擁して1954、55年に甲子園を沸かせた新宮高校のグラウンドを見ておきたかったからだ。いわゆる古豪であるが、近年では近鉄などで活躍した山崎慎太郎、読売や千葉ロッテマリーンズで活躍した庄司智久、阪神やMLBのオークランド・アスレチックスでも活躍した藪恵壹の母校でもある。

古角が新宮高校を指導したのは8年間だったが、甲子園には春2回、夏4回出場し、通算では5勝6敗の成績を残している。8年間で春・夏合わせて6回の出場は、名監督の部類に入ることだろう。その後、古角は家業の旅館業に専念することになる。前岡は甲子園での活躍により、プロ野球球団間で争奪戦になるが、阪神、中日に在籍8年で1勝と振るわず、打者に転向したが、結果を残せずじまいだった。

古角はかつて海草中学、明治大学時代にチームメートだった嶋清一の残像を追いかけて、同じサウスポーだった前岡を指導したとも言われている。古角は嶋の事跡を後世に伝える語り部の活動もした。2008年に嶋の野球殿堂表彰が決定した際に阪神甲子園球場で行われた表彰式には、古角が出席している。

新宮高校のグラウンドは翌日の朝に覗いたが、誰もいなかった（写真18）。朝が早かったせいなのだろう。山を背景にしたロケーションだった。新宮を訪れるのは2度目で、前回は辻原登の小説『許されざる者』の主人公のモデルになっていた大石誠之助を辿ってのものだった。大逆事件に巻き込まれて落命した彼は新宮の出身でアメリカ留学を経て、帰国後、故郷に医院を開院した。そして非戦論や公娼廃止を唱え、新聞などに寄稿、また貧困層の患者には無料で診療した。

しかし幸徳秋水や堺利彦などと交流を深めたことで社会主義者と見られ、国家に監視されるようになる。彼は2018年に新宮の名誉市民になっている。柳広司の小説『太平洋食堂』は大石が医院の前につくった食堂をタイトルにしており、ここで彼は自ら料理人として西洋流の食生活を庶民に紹介した。

そして彼の甥が、個性尊重・男女平等の自由主義的な教育を実践した文化学院の創立者、

（筆者撮影）

写真 18「新宮高校グラウンド」

初代校長として知られる西村伊作だ。『きれいな風貌 − 西村伊作伝』に書かれている通り、その自由闊達な生き方が多くの人々の共感を呼んだ。詩人であり小説家であった佐藤春夫や小説家の中上健次を生んだ新宮は、しっかりとした文化基盤を持つ街だ。

少し野球から話がずれたが、新宮は先人を数多く輩出してきた街である。また野球文化も地域の文化基盤の形成には何らかの影響を与えているに違いない。街は人がつくるものである。器を数多くつくっても、そこに魂が込められていなければ意味はない。人々の思いがあってこそ活力のある街になる。熊野速玉大社などの神社仏閣も重要な装置になっているが、新宮は地理的には不便な場所にあり、やはりご多分に漏れず人口減少に直面している。すでに3万人を切っており、今後の増加はおそらく望めないであろう。

しかし一定の文化基盤がある以上、そこを精査、確認することによって再度、魅力ある街への再生は不可能なことではない。これはローカルの都市に共通の課題であるが、心を折る必要もない。新宮は十分、魅力的な街であることは間違いないのだから、じっくり構えて議論を重ねていけばいいだけのことだ。

さて新宮を後にして、和歌山に向かう。新宮も含めて和歌山は野球県である。戦前の強豪校・和歌山中学（現在の和歌山桐蔭高校）、海草中学（現在の和歌山向陽高校）、戦後の簑島高校、智辯和歌山高校と甲子園優勝校を輩出、プロ野球選手として成功した者も多い。和歌山市内には2011年に開館した「わかやまスポーツ伝承館」という施設がある。スポーツ全般を対象にしたミュージアムだが、メインは野球だ。訪れたときに偶然だったが、「西本幸雄・嶋清一生誕100年展 不屈の闘将と戦火に散った大投手」が開催されていた。

和歌山を訪ねたのは嶋の足跡を訪ねるためだ。野球殿堂表彰をされる前の2003年には、和歌山市の「和歌山市の偉人・先人」顕彰事業でも選出されている（写真19）。以下、嶋清一の生涯について簡略に述べる。嶋は和歌山市に日本通運で荷馬車引きの仕事に従事する父のもとに生まれた。父は野口姓であったが、彼は嶋（島）家の養子となったため嶋清一となる。小学生の頃から野球を始める。『嶋清一 戦火に散った伝説の左腕』によれば、野球への興味は和歌山中学の小川正太郎の話を父から聞いてのことだという。高等小学校を経て、海草中学（現在の和歌山向陽高校）へ入学。1年生では一塁手、長谷川信義が監督に就任後は投手に転向。3年の夏に投手として甲子園に登場、以降5季で甲子園の土を踏む。しかし1937年の夏に準決勝へ進んだ以外は好不調の波が大きく、その結果は実力に伴わなかった。

しかし1939年の夏の嶋の快投は、今も歴史に刻まれている。全5試合完封、準決勝、

（筆者撮影）

写真19「和歌山市役所ロビー」

決勝をノーヒットノーラン、主将として夢にまで見たであろう深紅の優勝旗を手にした。全試合完封は戦後間もなくの1948年に小倉高校の福嶋一雄が達成しているが、長い夏の全国高校野球選手権の歴史でも、このふたりだけが成し遂げた記録だ。そして決勝戦でのノーヒットノーランは1998年に横浜高校の松坂大輔が記録しているが、準決勝、決勝の連続は嶋ひとりだけの偉業である。

嶋は卒業後、明治大学に進学。しかし戦争によって東京六大学野球も1942年に中止を余儀なくされ、戦前最後の主将に就任するも、海草中学時代のような華々しい活躍はできなかった。その後、学徒出陣に拠って応召、1945年3月に乗船していた海防艦がアメリカの潜水艦の魚雷攻撃にあって戦死した。24歳であった。

戦後、多くの野球人が嶋の戦没を悼んだ。もちろん海草中学、明治大学と同級生だった古角も同様だった。戦後、阪急、近鉄などで名監督として称されている西本も、和歌山中学在籍時には嶋の海草中学と試合をしている。のちに嶋の速球の見事さを讃えてもいるが、東京六大学野球が中止になって以降の1943年には明治大学の主将だった嶋に声をかけて、非公式の戦前最後の試合を実現させている。この試合には嶋、西本、そして戦後、「青バット」で時代の寵児になった大下弘も出場している。

嶋清一の幻影が見えた和歌山の旅

「わかやまスポーツ伝承館」で優勝時の記念ボールを拝見した。時代を経て、汚れてくすんだボールを眺めていると感慨深いものがあった。一部は和歌山向陽高校の海草・向陽70周年記念館からの貸し出しだということだった。次は和歌山桐蔭高校に向かった。かつての旧制和歌山中学である。現在は男女共学の中高一貫校になっているが、和歌山県の野球は和歌山中学で始まったとされる。戦前の和歌山県の野球を牽引した学校のひとつだ。選抜高校野球大会出場16回で優勝1回、準優勝1回、全国高校野球選手権出場20回で優勝2回、準優勝3回。優勝は戦前のものだが、紛れもなく全国屈指の伝統校と言えるだろう。

現在の校地も当時の場所にあり、グラウンドには観覧席も設けられている。戦前まで甲子園の代表は、奈良県との紀和大会を経て決まっていた。そしてその手前の和歌山大会は和歌山中学のグラウンドで開催されており、嶋もこのグラウンドを下見に来ていたという。和歌山桐蔭高校になってからは夏3回、春2回となっており、さすがに戦前とは比べようもないが、それでも地元の強豪高校としての面目は保っている。

さて和歌山桐蔭高校の近隣は一種の寺社街になっている。そのひとつに嶋の墓があると聞いて足を向けた。護念寺という古刹だ（写真20）。西山浄土宗の寺院で、西国和歌山三十三所第十一番札所である。当所は常福寺と言い、１５０８年の創建だという。江戸時代には紀州藩主の命により、現在地に移転、寺社奉行直支配の格式を受けている。

護念寺の北側は広い墓地になっており、嶋の墓を探すのには苦労した。「嶋」という墓石はいくつかあったが、墓碑銘を見るとどうも違う。仕方がないので改めて住職に聞いてみることにした。そして住職に墓まで案内してもらった。嶋は養子に出たので、墓は野口という名前になっているとのこと、墓地の北の奥にそれはあった。案内してもらわなければ、墓石に刻まれた名前も違うので、おそらく辿り着けることはなかっただろう。

もちろんこの墓に嶋の遺骨が眠っている由もない。夢なかばでこの世を去ったひとりの前途有為な若者の無念に、自然と頭が垂れる。今は一見、平和な時代を日本は享受している。野球も日本人の生活に定着している。古角が前岡に嶋の思いを託したのも理解できる。もし戦争がなければ、嶋はどういう未来を辿ったのだろう。朝日新聞の記者になりたいという希望を漏らしたこともあるという。

（筆者撮影）

写真20「護念寺」

住職にお礼を言って、護念寺を後にする。ここまではバスで来たのだが、嶋の住んでいた界隈へは徒歩で赴いた。中央通りを渡って約6、7分で和歌山県立商業高校に出る。隣は和歌山市立西和中学だ。じつはこの校地は戦前の第4師団歩兵第61連隊の衛戍地であった。その西側に現在、葵町と呼ばれている地区があるが、嶋の家はこの界隈にあったらしい。実の妹もこのあたりに住んでいたそうだが、今は知る由もない。

葵町は旧海草郡湊村の一部で、1940年に和歌山市に編入された。嶋の自宅からは和歌山中学のほうが圧倒的に近い。しかし嶋は海草中学を選んで進学した。葵町は住宅地然としている界隈になっている。戦前の市街図を見ると、それほど都市化も進んではいなかった界隈だ。かつての歩兵第61連隊の衛戍地と練兵場に挟まれた地区だ。ほとんど当時の名残を感じさせるものはなかった。しかし筆者には、この界隈に嶋が住んでいたという幻想で充分だった。

嶋の母校、現在の和歌山向陽高校に足を向けてみよう。海草中学はかつての海草郡にあった。海草郡は1896年に当時の名草郡と海部郡が統合して設置された。当時の和歌山市の市域は狭く、現在のJR和歌山駅東口から先は海草郡であった。またこのJR和歌山駅は当時、東和歌山駅と称しており、現在の紀和駅が和歌山駅だった。南海電鉄の和歌山市駅が大正から昭和にかけての和歌山の玄関口であった。

和歌山向陽高校は現在では和歌山桐蔭高校同様、共学の中高一貫校になっている。ＪＲ和歌山駅から徒歩圏内にある。校地は都心部にある高校としては広い。まず校長に案内してもらい、海草・向陽70周年記念館を見学した。嶋の他に、翌年連覇を果たしたときのエース・真田重蔵も顕彰されていた。校長に最近、資料を整理して発見されたという嶋直筆の手紙を見せてもらう。見事なほどの達筆であった。

日記もよく記す人だったということだから、達筆も当然であり、新聞記者を夢見ていたということにも納得がいく。最後はグラウンドだ（写真21）。嶋の時代とレイアウトは変わっていないらしい。おそらくマウンドの位置も同様なのだろう。じっとマウンドを眺めていると、やはり込み上げてくるものがある。嶋のマウンドである。制球難に一時苦しみ、そしてそれを克服したマウンドである。

授業中の時間なので、もちろん野球部員の姿はない。静寂だけがグラウンドを包んでいる。嶋が全国中等学校優勝野球大会で優勝してから、もう80年以上の月日が流れている。しかし、やはりこのマウンドを眺めているひとときは、筆者に一種の至福感を与えてくれる。思えば素人的な興味から嶋に関心を寄せてから、40年は経っただろうか。ようやくこ

（筆者撮影）

写真 21 「県立向陽高校グラウンド」

こに来られたという感慨が胸中を横切った。

これまでに和歌山を訪れたことは何度もあった。ただ訪問目的が違っていたり、大阪からの日帰り行程の場合が多く、なかなか嶋所縁の地を巡る機会は訪れなかった。本当にようやくである。最近ではＹｏｕＴｕｂｅで嶋の当時の映像も見られるようになっている（ＹｏｕＴｕｂｅの中の嶋はオーバースローよりも幾分、ヒジを下げたスリークォータ一気味のフォームである）。筆者の記憶の中にある投手では大船渡高校の金野正志にフォームが似ているように思えた。１９８４年の選抜高校野球大会ベスト４の立役者であり、嶋と同じく明治大学に進学した技巧派左腕だ。しかし嶋は技巧派ではなく、本格派の投手だ。

また思い出すのはテレビアニメの『巨人の星』だ。第１２５話「ズックのボール」において、嶋と星飛雄馬の父である星一徹が戦地で出会い、嶋の戦死を一徹が看取るというエピソードだった。あくまでフィクションであり、嶋も陸軍に配属されているため史実とは異なるが、原作者の梶原一騎に何らかの嶋に対する強い思いがあったことは間違いない。飛雄馬のモデルが嶋だという説もあるが、これに関しては諸説紛々である。しかし嶋がこういう形でも取り上げられたことは、彼の存在を後世にも示していることになる。

おそらく嶋の夏の甲子園での準決勝、決勝での連続ノーヒットノーランは、高校野球の歴史が永遠に続くとしても、今後も破られることのない記録だろう。和歌山でつかの間ではあるが、嶋の所縁の地を訪ねることで、本書を書くために抱いた願いのひとつがかなったようにも思う。嶋に関する記述やエピソードがすべて事実ではないとしても、嶋の立った、そして歩いた場所を巡るのは、まさに得難い時間でもあった。

第7章

兵庫｜知られざるスタジアムの歴史

大阪

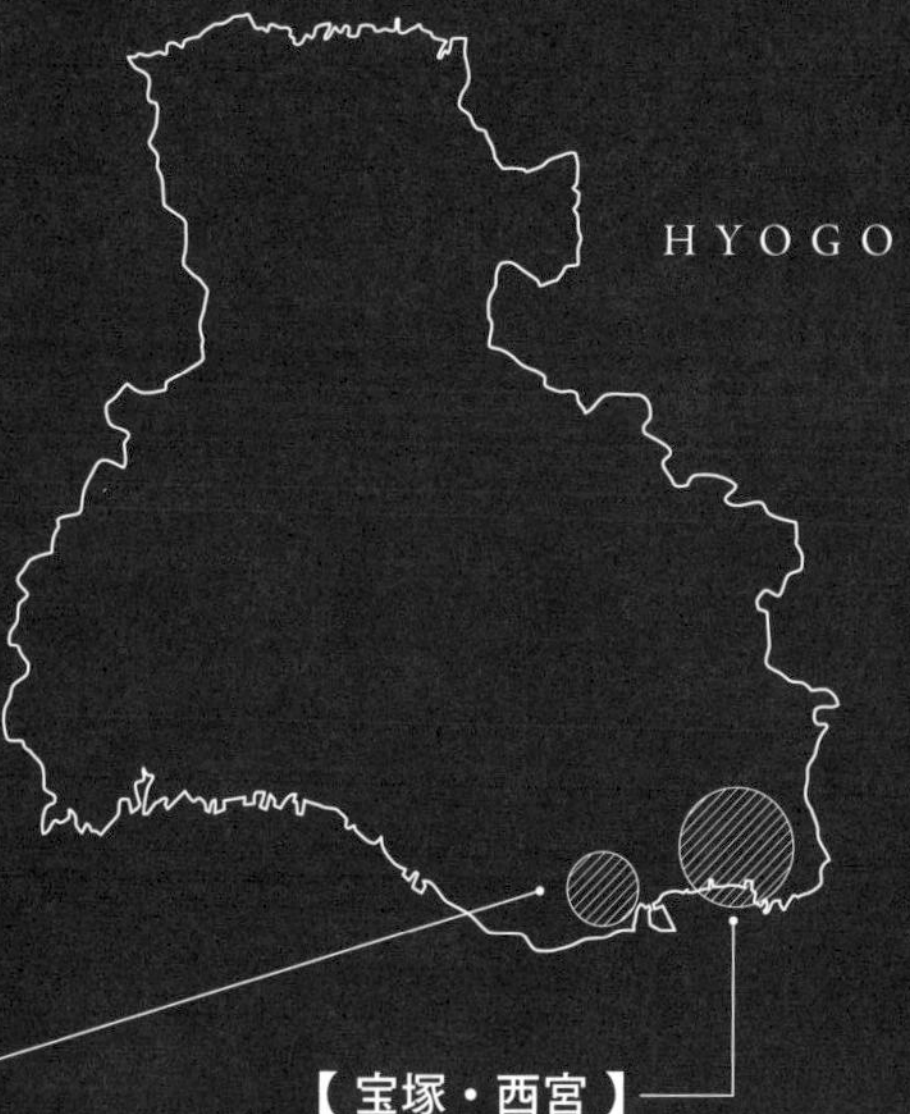

【神戸】

【宝塚・西宮】

大阪

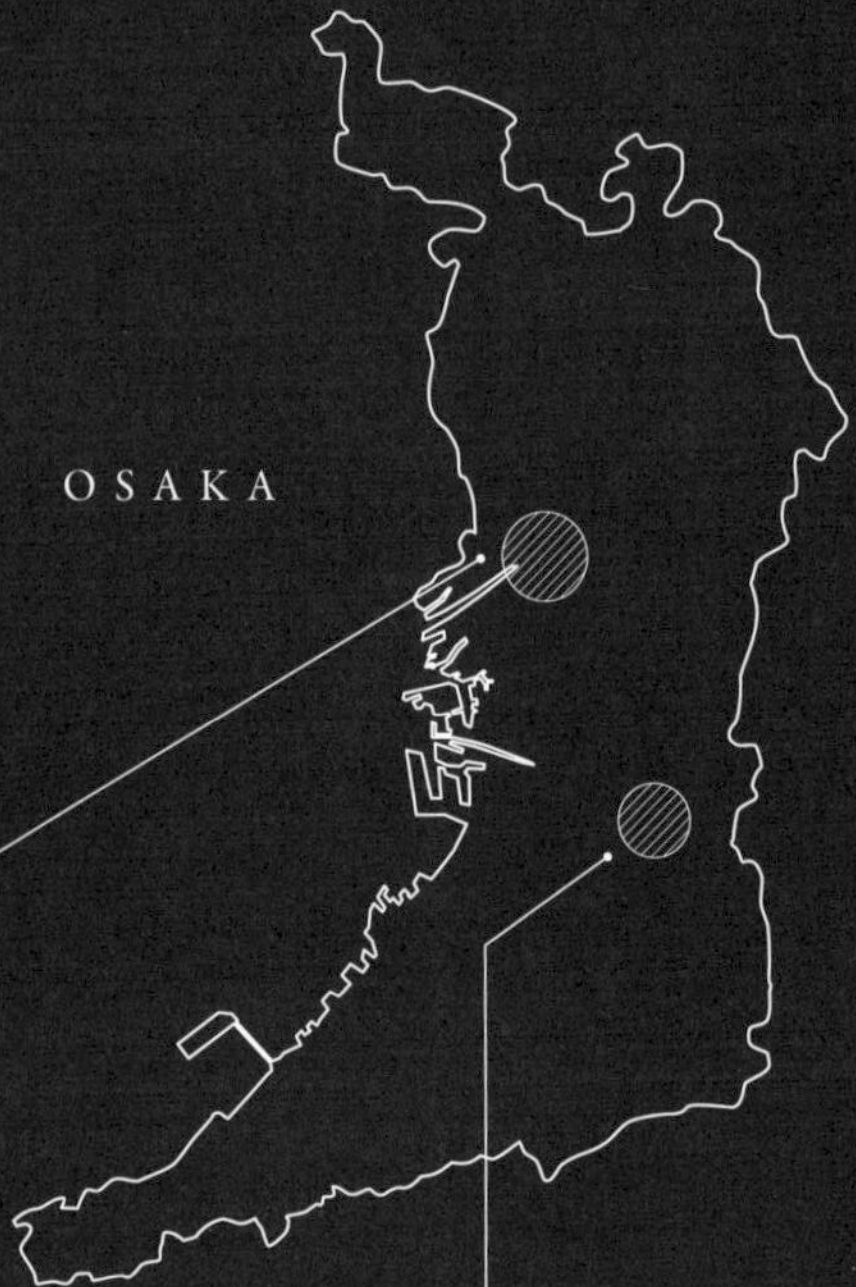
OSAKA

【豊中】

久保公園
豊中
豊中球場跡地
（高校野球発祥の
地記念公園）

【藤井寺】

藤井寺球場跡地
藤井寺
四天王寺東高校

かつて高校野球の聖地だった鳴尾球場

日本の最大の野球の聖地と言えば、紛れもなく甲子園球場だろう（写真22）。正式名称は「阪神甲子園球場」で、1924年に全国中等学校優勝野球大会の開催を主目的として建設された。日本で最初の大規模多目的野球場である。現在の収容人数は4万7508人、グラウンド部分は中堅118m、左右中間118m、両翼95mで、西宮市にある。NPBの阪神タイガースの本拠地で、先述の全国中等学校優勝野球大会の継続である、全国高等学校野球選手権大会、選抜高等学校野球大会が優先開催されている。

改めて足を向けてみよう。大阪の梅田からも、神戸の三宮からも阪神電車1本で行ける。また甲子園駅からもすぐの距離にある。球場のまわりを一回り歩いてみるとやはり大きく、蔦の絡まる外壁に威厳も感じたりもする。東京ドームに野球殿堂博物館があるのに対して、甲子園には甲子園歴史館がある。これは1985年に無料の阪神タイガース資料館として設置されたものだが、2008年から高校野球や甲子園ボウル（全日本大学アメリカンフットボール選手権大会の決勝戦）に関するものも展示に加えて、新規に有料施設として再オープンした。２０２２年には展示スペースが手狭なことから、隣接地に複合施設をつくり、拡張する計画がなされている。地方球場でもこのような展示施設を設けているところもあるが、しかし野球の聖地・甲子園であるので、さらなる展示内容の充実を期待する野球ファンも多いのではないだろうか。

この甲子園歴史館の入口に向かい合う位置に、高校野球を祈念して建立された野球塔がある（写真23）。このモニュメントは１９３４年に全国中学野球優勝大会の20回大会を記念して建立された。現在と位置もレイアウトも大きく違っているのが、初代の野球塔であった。高さ30ｍの塔に、20本の柱廊、２５００名収容の階段型観覧席も設えられていた。しかし塔が近くの鳴尾飛行場の離発着の邪魔になると言われ、太平洋戦争中に撤去、優勝校の銘板も軍に供出され、柱廊も空襲で破壊された。現在の野球塔は3代目になる。２代目は１９５８年に選抜高校野球大会の30回を記念して高さ４・５ｍの塔が建立された。しかしそれも２００６年にリニューアル工事のために撤去、２０１０年に現在のものになった。

甲子園球場は日本の野球文化の発展の目撃者であり続けてきた。そこには語り切れない

（筆者撮影）

写真 22「甲子園球場」

（筆者撮影）

写真 23「野球塔」

ほどのエピソードが満載だ。喜びと悲しみと織り交ぜての聖地である。この国の近代化の歴史と寄り添ってきたというのは大袈裟だろうか。甲子園球場のまわりを1周するだけで、久遠の時間の流れに出会えるに違いない。

筆者は甲子園球場には残念ながら数回しか行ったことがない。やはり関西なのであまり足を向ける機会もなかったが、それでも出張で関西まで行ったついでに高校野球の試合を観戦した記憶がある。東京ドームが読売ジャイアンツやプロ野球の聖地という存在だとしたら、甲子園球場は高校野球の聖地と言えるだろう。もちろん阪神タイガースの聖地でもあるのだが、筆者は関西に住んだことがないのでおそらく、リアリティに欠けているのかもしれない。

甲子園球場から海岸のほうに足を延ばしてみる。甲子園は西宮七園と呼ばれる高級住宅街のひとつとされる。西宮七園は甲子園、昭和園、甲風園、甲東園、甲陽園、苦楽園、香櫨園の七つの地区を指す。いずれも大正期から昭和初期にかけて開発された。開発元はそれぞれ異なるが、阪神、阪急などの鉄道会社乗客拡大を念頭に開発したところもある。とくに阪急沿線の山の手にある甲風園、甲東園、甲陽園、苦楽園は高い人気を集めており、財界人や文化人の邸宅が並ぶ閑静な高級住宅街となっている。甲子園も最低敷地面積などが規定されたエリアを含んでおり、豪邸も立ち並んでもいる。

甲子園の名称は、甲子園球場（当初は大運動場と呼ばれた）が完成した年が十干十二支で甲子に当たったことに由来する。武庫川の氾濫を防ぐために県によって改良工事が行われることになり、その際の資金調達のために廃川になる枝川、申川の河川敷が阪神に売却されることになった。阪神は購入した河川敷跡7万3920㎢に、住宅地及び行楽地を開発した。住宅地は一部、大林組に委託したが、1929年から開発分譲を開始した。1930年には甲子園ホテル、1937年には国際庭球場がオープンし、のちに移転するが甲陽学院も誘致した。

1924年に阪神は甲子園駅を設置、1926年には支線として浜甲子園、1930年には中津浜まで敷設され、1975年に廃止されるまで開発した住宅地及び行楽地への輸送機関として運用されていた。浜甲子園と呼ばれているあたりに浜甲子園運動公園がある。浜伝いに東の方向にはファームの本拠地・阪神鳴尾浜球場がある。この公園の入口にひとつの記念碑がある。ふたりの野球少年の像だ（写真24）。ここは鳴尾球場跡地でもある。1916年にオープンされた野球場で、阪神所有だった。1917年から1923年にかけて、現在の全国野球選手権大会である全国中等学校優勝野球大会がここで開催された。

（筆者撮影）

写真 24 「鳴尾球場跡地モニュメント」

碑文の一部を挙げよう。「鳴尾球場は一九〇七年（明治四十年）関西競馬倶楽部（のちに阪神競馬倶楽部）が建設した鳴尾競馬場をその後、阪神電鉄が借り受け、同場内に開設したものである。走路の内側、約十六万五千平方メートルに二面のフィールドを設け木造移動スタンドを周囲に並べて、五、六千人の観客を収容した」。

つまり野球場の前は競馬場だったのである。その後、1915年から全国中等学校優勝大会が大阪府豊中村（現豊中市）で開催されたが、大会の長期日程化により参加校の負担が大きくなることから、主催者の朝日新聞社が会場の複数化を検討するようになり、鳴尾競馬場が注目された。そしてそこには1917年に野球場が2面設置された。

しかし野球場は競馬場内につくられたので、常設のスタンドが取りつけられないため、仮設のスタンドで対応するが、観客の数も年々増え、また野球場の土質が悪く、雨天に弱いという欠点もあったため、朝日新聞社は鳴尾球場に代わる野球場を建設することを提案して、甲子園球場が誕生することになる。

阪神甲子園駅から阪神梅田駅に出て、阪急宝塚線に乗り換えてみよう。まずは宝塚を目指す。阪急グループの原点を象徴する場所だ。私鉄経営のイノベーター・小林一三は宝塚に温泉、遊園地、動植物園、ホテル、歌劇場をつくった。そして沿線の住宅地開発、大学などの教育機関の誘致、起点駅になる阪急梅田駅には百貨店をつくった。東急グループや西武グループにも大きな影響を与えたとされる。いわゆる鉄道事業社の多角経営というモデルだが、現在のＪＲにもその影響は見て取れる。

阪急グループの中核である阪急電鉄（一般には阪急電車とも呼ばれる）は、１９０７年に設立された箕面有馬電気軌道が、１９１０年に現在の宝塚本線・箕面線にあたる、梅田−宝塚間、石橋−箕面間を開業したのが始まりである。その後、１９２０年には神戸本線十三−神戸（のちの上筒井駅、１９４０年に廃止）間を開業、１９３６年には神戸市内の三宮まで高架線で乗り入れた。

現在は存在しないが、１９２２年に、阪急は宝塚に野球場、テニス場、陸上競技場を併設した総合運動場をつくった。翌年より日本フットボール優勝大会（現在の全国高校サッカー選手権及び全国高校ラグビーフットボール大会）が２大会開催された。その後、１９２４年に日本最初のプロ野球球団と言われる日本運動協会（芝浦協会）が、関東大震災の影響で運営が困難になり解散したのを受けて、小林一三が救済に乗り出し、宝塚運動協会を発足させた。選手たちの受け皿が目的だった。

そして宝塚球場が完成することになった。宝塚運動協会は社会人チームとの対戦もこなした。1928年には関西に本拠を置く大毎野球団、関西ダイヤモンド倶楽部、スター倶楽部、そして宝塚運動協会の4チームで、関西4球団連盟が結成された。しかし、1929年3月に大毎野球団が解散し、宝塚運動協会も後を追うように1929年7月31日に解散した。

そしてその7年後の1936年には、同年に結成された阪急職業野球団（現在のオリックス・バファローズ）の本拠地として公式戦13試合を実施した後、翌年に完成した阪急西宮球場に本拠地が移転することになる。そして宝塚球場は閉鎖される。

小林は、日本運動協会が解散する前年の1923年には、鉄道リーグを構想した。関西から阪急、阪神電気鉄道、京阪電気鉄道、大阪鉄道（現在の近畿日本鉄道）、東京から京成電鉄、東京横浜電鉄、（現東急電鉄）という鉄道会社により、プロ野球リーグを創設するというものだ。小林の実業家としての先見性がここにも見える。

球場跡地は宝塚映画製作所の第一撮影所になったが、戦後は宝塚ファミリーランドとして再開発された。園内にはジェットコースター、メリーゴーランド、観覧車が設置され、昆虫の標本を集めた宝塚昆虫館、世界中の民族衣装を纏った人形を展示した宝塚大人形館、阪急電鉄の電車や車両を展示する電車館、日本庭園などもあった。

また武庫川左岸の温泉施設を拡張して、宝塚ヘルスセンター（のちに宝塚大温泉に改称）が開業。当時のレジャーブームが追い風になって入園者は増加し、関西屈指のレジャー施設として多くの人を集めた。

１９８０年代末には宝塚大温泉は役割を終えて閉鎖され、跡地は宝塚歌劇場の改築に備えて駐車場などに転用された。また宝塚映画のスタジオを改装したイベントホールが設置され、さまざまなイベントや展示会が開催された。しかしユニバーサルスタジオジャパンをはじめとした大型アミューズメントパークの開園や、レジャーの多様化や少子化などの影響もあって、次第に入園者数は減少し始め、２００３年をもって宝塚ファミリーランドの閉園を決定した。

閉園後の跡地は、整地の上でガーデン、住宅系、商業系、歌劇の４つのゾーンに分けて再開発されることとなり、このうち、ファミリーランド時代に遊戯施設などが設置されていた園内中央部のエリアが、ガーデンゾーンとして２００３年には有料公園・宝塚ガーデンフィールズとして生まれ変わった。しかしここも２０１３年に閉園、跡地には宝塚市立の文化芸術センターが建てられている。隣接地には手塚治虫記念館も開設されており、一帯は新たな文化ゾーンになっていくのだろう。

宝塚球場のあったあたりは園内東側のエリアで、大型マンションに加えて関西学院初等部が建てられている（写真25）。野球場の面影は一切ない。ましてや記念碑や案内板もないので、自分で地図を見ながらの巡礼になる。しかし宝塚歌劇場入口の「花のみち」にある小林一三の像を目にすると、彼の大いなる夢に触れた気分にもなる。その夢のひとつに野球があったわけだ。

高校野球大会の歴史は豊中で始まった

さて阪急宝塚線を梅田方面に戻って、豊中で降りる。ここも小林の野球への夢の断片に出会うことのできる場所だ。豊中は現在、大阪府内では大阪、堺、東大阪に続く人口規模の都市だ。明治以前は能勢街道の沿線として栄えていたが、明治以降は箕面有馬電気軌道（現阪急宝塚線）の沿線開発とともに人口が増加していく。そして球場（豊中グラウンド）が１９１３年に開設される。もちろん箕面有馬電気軌道が沿線の集客目的で開設したものだ。

（筆者撮影）

写真 25 「関西学院初等部」（宝塚球場跡地）

赤レンガの外壁に囲まれたグラウンドは約2万㎢と広く、宝塚球場より前につくられたものだ。やはり陸上競技場としても使われ、日本フットボール優勝大会（現在の全国高校サッカー選手権及び全国高校ラグビーフットボール大会）も開催されている。しかしここを利用したスポーツイベントで特筆されるのは、1915年に開催された第1回全国中等学校優勝大会（現全国高等学校野球選手権大会）だ。これは阪急側から大阪朝日新聞への提案だった。

グラウンドには木造の仮設席が設けられ、バックネット相当部分には女性専用席も設けられたという。当時大阪では野球が大変な人気で、たくさんの観客が詰めかけた。観客があまりに多かったため収容しきれず、第3回大会からは、会場は西宮の鳴尾球場に移されることになった。その後、グラウンドは再造成されて、住宅地へと変貌を遂げた。

第1回全国中等学校優勝大会の優勝校は京都二中（現鳥羽高校）、準優勝は秋田中学（現秋田高校）だった。当時は阪急の沿線開発の途中で、箕面有馬電気軌道も1両編成だったので駅はずいぶんと混み合ったらしい。しかしこれが、2019年で第101回を数えた世界でも稀有な高校野球の全国大会の始まりとなった。

豊中市役所は1988年にグラウンド正門の向かい側にあたる一角を、高校野球メモリアルパークとして整備した（写真26）。これは第70回大会を記念して、日本高等学校野球連盟の協力のもと建設されたものだ。名称は、高校野球発祥の地記念公園である。東側には、第1回大会からの歴代優勝校・準優勝校の名前が入ったプレートを掲載する壁が設置されている。

西側には豊中グラウンドの門柱を再現したメインエントランスを設けた他、バットの原料であるアオダモの木の植栽スペースや豊中グラウンドの解説板・平面図を設置している。現在は何の変哲もない一般的な住宅地の中だ。現状からはなかなか想像し難いが、ここから全国高等学校野球選手権が始まったと考えると感慨深いものがある。そこから100年以上の悠久の時間が流れた。大きな戦争もあり、いくつもの地震などの災害もあった。しかし今もなお、高校野球の灯は消えてはいない。

関西が主導して高校野球の歴史が形づくられ、その背後には阪急、阪神のような鉄道会社の存在があったことには注目すべきだろう。アメリカと違って、日本は以前から鉄道会社が球団経営に関与する事例が多いのが特徴だ。沿線の開発の一環として球場建設があり、プロ野球球団の経営があったということなのだろうか。現在でも阪神（現在は阪急傘下）、西武の2社が残っている。旧国鉄、私鉄では阪急、近鉄、南海、西鉄、東急もかつては球

（筆者撮影）

写真26 「高校野球発祥の地記念公園」（豊中球場跡地）

団を持っていたが、時代の趨勢で球団経営はさまざまな業種に分散し、中にはＩＴ系企業も参入してきているが、プロ野球の基盤をつくったのは紛れもなく鉄道会社だ。

豊中から藤井寺に向かう。ここは近鉄バファローズ（現在のオリックス・バファローズ）の本拠地だった。藤井寺球場は１９２８年に完成した。これは当時の大阪鉄道（現在の近鉄）の沿線開発計画・藤井寺経営地の一環としての事業だった。先述した阪急、阪神による宝塚、豊中、甲子園などに類似した地域総合開発経過として位置付けられるものだ。

アメリカのヤンキースタジアムを模したとされるこの球場は、敷地面積が甲子園球場を超える５万９５００㎡で、内野席と芝生の外野席を合わせた収容人員は３万２０００人とされるものだった。グラウンド面積も甲子園球場を超えており、外周が３１５ｍあるスタンド建物は３階建てで、内野席一面を甲子園のような鉄傘で覆う形を取っていた。しかし戦前は主にアマチュア野球で使用されていたようだ。

１９４９年にプロ野球が２リーグに分裂するが、近鉄はそこで新球団を結成し、藤井寺球場もスタンドやグラウンドを改修、１９５０年から近鉄パールス（のちのバファローズ）の本拠地になった。ただ照明設備を備えておらず、近鉄は平日の公式戦を同年から１９５７年まで大阪球場、１９５８年から１９８３年までは日生球場で開催していた。つまり野球協約に定める名目上の本拠地は藤井寺球場、実質的な本拠地は大阪の中心部にあるという立地や交通の便から、日生球場になっていた。

また1984年の鈴木啓示の300勝達成や1989年のリーグ優勝などメモリアルな試合もあったが、1997年に大阪ドームが完成し、近鉄の本拠地が移転することになった。藤井寺球場は練習場、二軍本拠地という立場になり、1999年に一軍の最後の試合が行われ、2004年のオリックス・バファローズの誕生で近鉄バファローズは姿を消すことになった。2006年からは解体工事に入り、長い歴史に幕を下ろした。2005年、近鉄は球場敷地のうち北側部分を四天王寺学園に売却、そこに小学校と生涯学習センターができ、小学校の正門東側には藤井寺市、近畿日本鉄道、四天王寺学園の三者共同による藤井寺球場記念モニュメントが設置された（写真27）。その後は中学校、高校が開校している。敷地の南側は丸紅が買収、大規模マンションが建設され、藤井寺球場跡地は文教、住宅地区に生まれ変わった。

モニュメントの前を小学生が下校していく時間に赴いたが、球場の面影はない。ただこの場で野球の花が咲いていたことだけは明確な事実だ。時は流れる。多くのものは変わっていく。しかし記憶だけは朽ちることのないものにしたいものだ。

（筆者撮影）

写真27 「藤井寺球場記念モニュメント」

第8章

兵庫（淡路島）

阿久悠と『瀬戸内少年野球団』に見る離島の野球文化

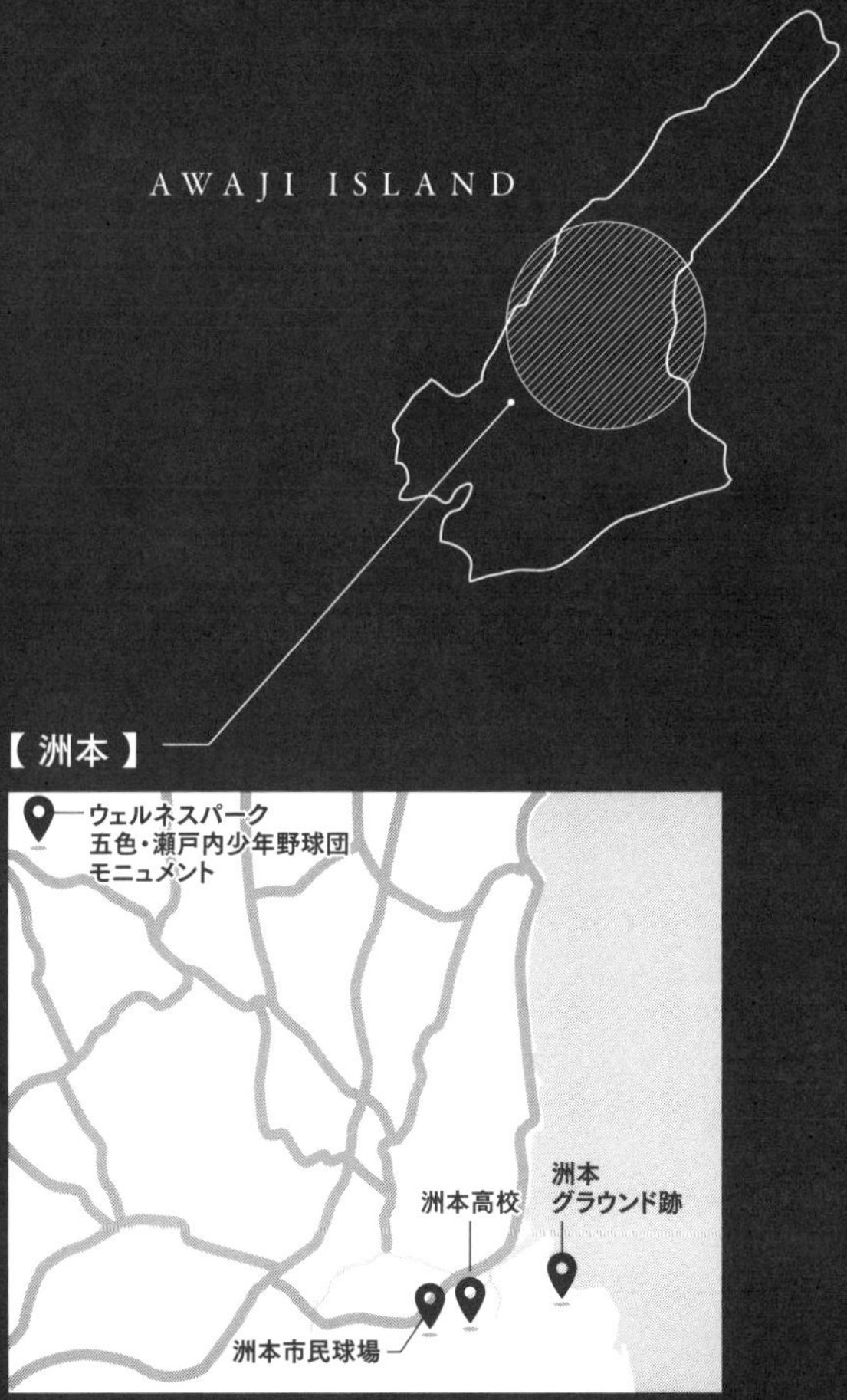

センバツ初出場・初優勝を飾った洲本高校

本書の当初の予定には洲本はなかった。しかし洲本で講演する機会があって、下調べをしていると阿久悠の出身地が旧五色町（現在の洲本市五色町）ということを知った。阿久といえば日本を代表する作詞家のひとりである。また小説家としても活躍し、その代表作は『瀬戸内少年野球団』だということも一般認知されている。この小説の舞台は淡路島であり、ウェルネスパーク五色 高田屋嘉兵衛公園には、彼の文学碑『あのとき空は青かった』や『瀬戸内少年野球団』の群像が設置されている（写真28）。

阿久は野球を、とくに高校野球をこよなく愛したことでも知られる。1979年から2006年にかけて『スポーツニッポン』に連載されていた『甲子園の詩』がその代表的なものであろう。少年時代に草野球に興じていた彼だが、高校に入ると映画館に入り浸るようになる。しかし彼が高校2年のとき、彼が通っていた洲本高校が選抜高校野球大会で優勝するのである。1953年のことだった。初出場での優勝、しかも離島の高校が初めて

（筆者撮影）

写真28 「瀬戸内少年野球団モニュメント」

優勝したという快挙でもあった。

1953年の選抜は優勝候補にも挙げられなかったが、名門中京商業高校を破り、時習館高校、小倉高校に勝ち、決勝戦では浪華商業高校を4－0で破った。当時のメンバーは北口勝啓（専修大学→明電舎）と4番加藤昌利（近鉄→パ・リーグ審判）のバッテリーに、1番レフト久下本誠吾（立命館大学→洲本高校）、3番サード阿部好佑（慶應義塾大学）、5番センター長尾勝弘（新日鉄広畑）だった。

阿久が高校2年のときの出来事で、これが彼の転機になったという。同じ淡路島の高校生の活躍が刺激になったのだろうか。春、夏の甲子園で優勝した初めての離島の高校ということになる。意外なことに洲本高校からは、プロ野球選手も輩出している。代表的なのは鎌田実だろうか。

鎌田は晩年、淡路島で少年野球教室「KBクラブ」を結成し、後進の指導にも積極的に関わった。1960年代の阪神タイガースの「100万ドルの内野」の一角を担ったことでも知られている。当時の「試合前のシートノックだけで金が取れる」と言われた布陣が遊撃手の吉田義男、三塁手の三宅秀史、二塁手の鎌田であった。現役生活16年、オールドファンには日本で初めてバックトスを導入したことでも有名だろう。

彼は２０１９年に80歳で亡くなったが、出身は現在の南あわじ市で、高校は洲本高校に通ったとある。洲本高校では阿久の２学年下ということになる。１９７０年代に南海ホークスなどで活躍した西岡三四郎も洲本実業高校の出身で、同時期にやはり南海ホークスで活躍した桜井輝秀は洲本実業高校で西岡の一学年上、１９８０年代から中日、オリックスに在籍した川畑泰博は洲本高校だ。また高校は兵庫県の加東市にある社高校に進んだが、やはり淡路市出身の近本光司が現在の阪神タイガースで活躍していることも、巡り合わせのように思える。淡路島の野球を巡る系譜もおもしろい。楽天から独立リーグに転じた片山博視や、オリックスの村西良太も淡路島の出身だ。

淡路島の野球はどこから始まったのだろうか。１９２１年の第7回全国中等学校野球大会の予選には洲本中学、青年会商業（廃校）が初参加したという資料があり、戦後の１９５４年にはプロ野球のオープン戦が洲本で開催されている。高橋ユニオンズ対毎日オリオンズの試合で、高橋の先発はスタルヒンであった。洲本市市民交流センター野球場は１９６７年の開設なので、この試合で使用した野球場はここではないようだ。現在は収容人数が多い、淡路市佐野新島にある佐野運動公園第一野球場が、高校野球の地方大会では使用されている。

２０２１年の選抜高校野球大会には長崎県の大島にある大崎高校が出場した。外海離島からの甲子園出場は、２００３年春の隠岐高校（島根県・隠岐島）、２００６年春夏出場の八重山商工高校（沖縄県・石垣島）、２０１１年春の佐渡高校（新潟県・佐渡島）、２０１４年春の大島高校（鹿児島県・奄美大島）の４校。瀬戸内海の島からは、１９５３年春優勝をはじめ春夏４度出場の洲本高校（兵庫県・淡路島）、１９６２年春、１９９９年夏に、久賀高校の校名で２度出場した周防大島高校（山口県・周防大島）、２０１６年春の小豆島高校（香川県・小豆島）の３校がある。

離島にも野球文化が根付いていることがわかる。阿久は『瀬戸内少年野球団』でそういった淡路島の戦後の少年たちと野球を描いた。敗戦直後の淡路島を舞台に、軍事教育から民主主義教育に急展開する中、野球を通して民主主義を学ばせようとする女性教師と子どもたちのふれあいを描いた彼の代表作だ。

つまり日本では野球は国民文化に昇華し、全国至るところにそれぞれの基盤が大小あれど形成されていると見てもいい。ただ、過疎化が進む中山間地などでは高校をはじめとして学校の廃校が目立つところも増えているので、今後の保証はない。この兆候は野球だけではなく、伝統文化の維持、保存にも大きな影響を与え始めている。２０１４年の『地域計画～淡路地域版～』によれば、淡路島は１９４７年の約23万人をピークに微減が続き、２０１０年10月１日には約14万３０００人となり、今後10年間でさらに約１万７０００人（約12％）の減少が予想されるとしている。

もちろん１９９５年の阪神淡路大震災の影響も見逃せないが、２０２１年１月時点では約13万２０００人となっている。中でも広域合併によって淡路市、南あわじ市が誕生したことで、現在、淡路島を構成する3市の中で、洲本市が最も人口の少ない都市になってしまっている。徳島藩の支藩としての歴史を持つ城下町・洲本は観光的なアプローチではうまくいって移住者も増えてはいるが、しかしなかなか人口増加には結びつかないようだ。

これは洲本に限った問題ではないだろう。野球の聖地を巡る旅で訪れた地方都市は、衰退の途を辿っているように見えるところも少なくはなかった。改めて野球の意味を再考する時代になったとも言えるのかもしれない。本書でも触れてきた地域アイデンティティの涵養やシビックプライドの醸成に寄与してきた流れがあるのだから、今後もそこには期待していいのではないだろうか。

阿久は２００４年の『生きっぱなしの記』の中で、「僕の詞には、歌謡曲の定番であるところの望郷意識がまるでない」と述べている。その背景には父親の仕事の関係で淡路島を転々としたこともあるのだろうが、しかし彼が洲本や淡路島との関係をすべて絶っていたとは思わない。『瀬戸内少年野球団』も淡路島が舞台だし、ましてや洲本高校の第二応援歌の「未知に真っ赤な帆をはって」の作詞も手掛けているのだ。

高校野球をこよなく愛した作詞家・阿久悠

先日、明治大学阿久悠記念館を訪れてきた。お茶の水にある明治大学のアカデミーコモンの地下1階にある、こじんまりとしたスペースだ。2010年、遺族から明治大学に自筆原稿含めて資料1万点が寄贈され、彼の業績を称えるとともに、その遺産を次世代に継承していくために開館した。記念館で公開している自筆の原稿はやはり見応えがあった。歌詞のタイトルは自分でロゴのようにデザインし、ほとんど書き損じがない。

2018年には全国高校野球選手権が第100回を迎えることを記念し、特別展示「阿久悠と『甲子園の詩』」が開催されている。その際には、直筆スコアブックや取材ノート、名勝負5選のパネルなどが展示されたそうだ。取材ノートには、試合当日の気候や入場者数が記載されている他、彼が試合中に捉えた選手の微妙な変化、観客のざわめきなどが丁寧にまとめられているとのことだ。

この『甲子園の詩』の歌碑は全国にいくつかある。たとえば桐陽高校（静岡県）、韮山高校（静岡県）、近江高校（滋賀県）、渋谷高校（大阪府）、そして東日本大震災で大きな被害を受けた高田高校（岩手県）だ。詩碑は大津波に耐え、仮校舎に保存されていたが、2020年に新校舎移転5年でようやく移設がかなった。1988年夏の甲子園出場記念碑だ。タイトルは「きみたちは甲子園に一イニングの貸しがある」。そこには次のような詩が刻まれている。

「初陣高田高の／夢にまで見た甲子園は／ユニホームを重くする雨と／足にからみつく泥と／白く煙るスコアボードと／そして／あと一回を残した無念と／挫（くじ）けなかった心の自負と／でも　やっぱり／甲子園はそこにあったという思いと／多くのものをしみこませて終（おわ）った／高田高の諸君／きみたちは／甲子園に一イニングの貸しがある／そして／青空と太陽の貸しもある」

高田高は甲子園初出場の1988年に兵庫県の滝川第二高校と対戦し、3－9とリードされた8回裏2死、56年ぶりの降雨コールドで涙を飲んだ。阿久は敗者に優しい眼差しを向ける。これが高校野球に対する彼のスタンスなのであろう。しかし彼のルーツはあくまでも淡路島、そして洲本にある。

さて、洲本市市民交流センター野球場が1967年の開設なので、その昔はどこの野球場が使われていたのだろう。日文研地図データベースの1934年、吉田初三郎の『淡路名所案内：菰江温泉四州園』によれば、洲本城の麓に「グラウンド」と表示しているところがある。裁判所、税務署の東と言えばいいのだろうか。大正末の『淡路名所　洲本三熊城跡洲本グラウンド』には、城の石垣の向こうにサッカーのゴールのようなものが見えるので、野球専用ではないだろう。

また1935年の赤西猶松『淡路全図』にも「グラウンド」は記載されているが、特段、野球場はない。戦前の野球場が各地にできる前は中学校のグラウンドを使用していた場合が多いので、洲本もそのパターンなのかもしれない。NPBニュース『球跡巡り・第5回紅顔の美少年・大田垣喜夫　母校で凱旋登板　尾道西高校グラウンド』にあるように、1950年に尾道で初めて行われたプロ野球の公式戦・広島対大洋4回戦は、のちに備前と名字を変えた太田垣喜夫の母校・尾道西高校（現在の尾道商業高校）の校内にある海岸に面した「校庭」で行われたという記録が残っているから、洲本市市民交流センター野球場の開設前は専用の野球場では試合を行っていなかったということも十分、考えられる。

かつてのグラウンドの場所は、１９８２年に開館した洲本市立淡路文化会館の建っているあたりだと推測される。また旧制洲本中学は１８９７年に開校し、その後１９２４年に郊外の上物部に移転して、現在に至る。グラウンドは広く、対外試合もこのグラウンドで実施されているので、おそらく戦前からこの形での活用はされてきたに違いない。洲本バスセンターから約２㎞の距離にあるこの高校にも足を向けてみよう。

やはり阿久の母校ということで感慨深い。ある意味で彼は高校野球の伝道師だった。昭和歌謡を代表する偉大な作詞家であったが、彼が高校野球をこよなく愛したという事実を忘れてはならない。島の少年たちは紛れもなく選抜高校野球大会で過去に優勝したことで、島を出ていく阿久に大きな勇気を与えた。確かに大都市圏の私学が台頭している傾向が強くなってきているが、地方の公立校に可能性がなくなったわけではない。高校野球は筋書きのないドラマを、今後も見せてくれるに違いない。阿久がこの世を去り、10年以上の歳月が流れた。しかし洲本高校のグラウンドには今も選手たちの掛け声がこだましている。

第9章

大分　幻の企業チーム「別府星野組」

【別府】

多くの名選手を生んだ別府星野組

別府が野球の聖地と言われてもピンとはこないかもしれない。しかし戦後、間もなくここには一瞬の光芒を放った実業団野球チームが存在した。別府星野組である。いまだに謎の多いチームだ。『白球を追って』によれば、星野組はもともと佐世保に九州の本拠地を置いており、終戦後、アメリカ進駐軍キャンプの工事請負のために別府にも支店を置いた。当時、空襲で廃墟と化した国土を復興するという名目で、土建会社がブームに乗った時代だった。都市対抗野球でも1946、1947年には大日本土木が優勝しており、別府でもやはり進駐軍の工事を請け負っていた植良組が硬式野球チームを発足させ、初代監督に読売ジャイアンツの名遊撃手だった白石敏男（勝巳）を招聘していた。

星野組の創業者は星野鏡三郎という。彼は1859年に姫路藩士の家に生まれるが、明治維新により父が失職、苦難の幼少期を送る。後に鹿島岩吉のもとで丁稚奉公に励むことになる。実兄は後の東京印刷の社長を務め、東京商工会議所副会頭、衆議院議員になる星野錫である。鹿島組の設立以降、彼は鉄道工事に従事、1896年に星野商店（後の星野組）を設立し、独立を果たす。篠ノ井線のトンネル工事を手掛け、本社を東京市日本橋区に設置、続いて北海道、朝鮮、北陸、東北などの鉄道工事を中心に事業を広げるが、鉄道工業という会社を興し、星野組は一時期、畳むことになる。

出資者は菅原工務所の菅原恒覧と星野鏡三郎などであり、社長は菅原が務めた。私鉄が国有化されていく流れを注視してのことだった。また同時に菅原は、鉄道敷設など高度な技術を要する工事の多くが欧米のお雇い外国人の指導に依存し、国内の土木業者はそれぞれの得意分野で部分的に工事を請け負っているに過ぎなかった状況を打破しようと考えていた。江の島開発や鎌倉山の宅地開発を手掛けた菅原通済が跡を継ぎ2代目社長となったが、戦後、彼が昭和電工事件に巻き込まれ、また彼の美術工芸品収集にも疑惑の目が向けられることによって清算された。戦後を代表するフィクサーのひとりであった。

鉄道工業は創業当時から業界大手であった鹿島組とは良好な関係にあり、主な請負工事として東海道熱海の丹那トンネルの工事も両社で請け負っている。さてこの丹那トンネル掘削では大きな事故も数度起きており、1921年4月1日には270ｍの熱海口工事現場で崩落事故が発生し、33名が崩落に巻き込まれた。4月8日に坑道奥で作業していた17

名が救出されている。この救出された17名の中に、星野組の3代目社長となる門屋盛一も含まれていた。丹那トンネルで生き埋めになった際、門屋は26歳。後に地元大分の梅林組の土木主任から星野組の取締役となり、1946年に星野組社長となる。

星野はその後、教育に関心を持ち、貴族議員にも推されるが、固辞。成蹊学園事務局長の児玉九十と語らい、現在の明星大学のもとになる明星実務学校の設立に私財を投資することになった。彼が最終的に選択したのは実業家や政治家ではなく、社会事業家だった。事業は門屋が引き継ぐことになるが、彼も戦後、間もなく民主党から出馬し、衆議院議員になる。

佐世保に支店を出した際、門屋は戦災孤児収容所慈海寮を佐世保市春日町に創立したりもしており、篤志家の側面も持っていた。『激動三十五年の回想』には、後に参議院議員にもなる村上建設（戦前は村上組）の社長・村上春蔵が1953年の西日本水害の際に、日田の夜明発電所工事の現地指導のため原鶴温泉に門屋とともに滞在していたが、水害のため旅館が流失寸前となり、村上が門屋の体を身に縛りつけて濁流に飛び込み、かろうじて岸に這い上がり九死に一生を得たというエピソードが述べられている。

この村上の兄が、衆議院議員として郵政大臣、建設大臣などを務めた村上勇である。当時の地域の建設業と国政が極めて近いことに驚かされる。そして門屋の弟が、別府の名門ホテルである日名子ホテルを買収した岡本忠夫である。彼も星野組の監査役を務めている。別府星野組の誕生は、この岡本によるところが大きい。もともと旅館を経営した日名子家は古くから別府温泉に関係のあった名家で、1272年に大友家が日名子太郎左衛門尉清元を温泉奉行に任じたとの記録が残り、また、旅館の創業に先立つ文化年間の別府温泉の湯株保有者18戸にも、府内屋太郎兵衛が挙げられている。日名子家の当主は代々襲名して府内屋太郎兵衛を名乗った。旧別府町と旧浜脇町が合併した新別府町の初代町長日名子太郎も、当時の日名子家当主の長男である。

また温泉観光地である別府の観光振興には、JR別府駅前に銅像の建つ油屋熊八の尽力も見逃せない。宇和島の裕福な米問屋に生まれた彼は若い頃に町議を務めていたが、30歳の時に大阪に渡って米相場で富を築き、別名「油屋将軍」として羽振りがよかったが、日清戦争後に相場に失敗して全財産を失う。そして妻を残して約3年間、アメリカに渡る。帰国後、再度相場師となるがうまくいかず、妻を頼って別府に行くことになる。

1911年に、のちの別府亀の井ホテルの前身である亀の井旅館を開業、1928年には現在の亀の井バスである亀の井自動車を設立し、日本初の女性バスガイドによる案内つきの定期観光バスを走らせた。また由布院に客人をもてなすための別荘・亀の井別荘を建て、これが現在、湯布院の代表的な旅館の礎になっている。

油屋は「山は富士、海は瀬戸内、湯は別府」というキャッチフレーズを考案。このフレーズを刻んだ標柱を富士山頂付近に建て、全国各地に喧伝して回った。大正の広重と称せられ、戦後まで数々の鳥瞰図を独自の手法で描いた吉田初三郎の庇護者としても知られており、これが観光地図の確立につながっていく。つまり、観光地の宣伝を積極的に実施していった。現在、観光地の宣伝には自治体や観光協会の予算が使われることが一般的だが、別府の宣伝は油屋の私財、借財で賄われた。そのために旅館やバス会社は売却されるという結果になったが、現在でもその行動力や独創性は別府の人々に敬慕されている。

つまり戦前の別府の観光化に尽力した日名子や油屋がいて、温泉都市・別府の基盤がつくられていくのである。またその側面で、歓楽街としての性格も別府は持ち始める。遊興や興行というビジネスがモダニズム都市を創出していく。戦後の別府に関しては『占領と引揚げの肖像ＢＥＰＰＵ　１９４５-１９５６』に詳しく書かれている。敗戦当時、陸海軍や満鉄の保養所があった泉都・別府には引揚者たちが流入し、また進駐軍も入ってくることによって、ある種のカオス状況が生じる。

このカオスの中で別府星野組硬式野球部が誕生するのである（写真29）。もともと軟式野球部を持っていた別府星野組だが、その監査役を務めていたのが岡本忠夫であった。1946年に八幡製鉄を都市対抗で優勝させ、南海軍（のちの南海ホークス）の監督経験もある加藤喜作を監督として招聘、次々に有望選手を獲得していく。1947年に八幡製鉄から立教大学出身の永利勇吉を入団させた他、復員後、東洋金属、八幡製鉄、全京都と転じていた西本幸雄を永利のルートで勧誘。嘉義農林出身の今久留主淳・功兄弟、読売ジャイアンツにいた関口清治、そして大分商業、大分経専（現在の大分大学）で活躍した荒巻淳を入団させ、チーム編成に成功する。復員後、熊本県人吉に帰省していた川上哲治にも声をかけたが、彼は読売ジャイアンツに復帰したため、頓挫した。

『嶋清一　戦火に散った伝説の左腕』によれば、嶋清一の野球殿堂入りの式典で、西本が「日本の野球界で最高の投手。何度か対戦したけれど打てる気がしなかった。球種はストレートとカーブだけだったが速かった。その後、嶋投手の再来と言えるのは、火の玉投手と言われた荒巻投手だけでした」と述べたと記されている。

荒巻は別府星野組参加前の大分経専時代、全国高専大会の決勝戦で23奪三振を記録。プロ入り直後は26勝で最多勝、最優秀防御率、新人王のタイトルを獲得し、その速球から「火

（筆者撮影）

写真29 「別府市民球場内展示」（別府星野組関連）

の玉投手」と呼ばれた。サウスポーの本格派で、眼鏡をかけている点も荒巻は嶋に似ている。プロ実働13年間で173勝107敗、1069奪三振、防御率2・23をマーク。引退後は阪急、ヤクルトでコーチも務めるが、44歳で短い生涯を終えた。阪急のコーチ時代の監督は西本であり、ふたりの縁は切れなかった。荒巻は1985年に野球殿堂入りを果たしている。

別府星野組は1949年、西本がプレイングマネージャーとなった。永利は阪急へ去ったが、第20回都市対抗野球大会で別府星野組は優勝する。のちの名監督・西本幸雄の伝説のスタートとなった。同年、正力松太郎の発言がきっかけになり、プロ野球の2リーグ分裂騒動が始まり、別府星野組も参入の意志を示したが、経営難に陥ったことから、すぐに撤退を余儀なくされる。

それ以後の別府星野組は、プロ野球球団の草刈り場と化すことになる。結果、翌年には西本、荒巻をはじめ、大半の選手が毎日オリオンズに入団することになる。1950年、西本は30歳にしてプロ野球選手となった。6年間プレーしたが、ケガに悩まされた。堅実な一塁守備が目立つ程度で、活躍したとは言えなかった。しかし西本はリーダーシップを買われてコーチとなり、1960年には大毎オリオンズの監督に就任する。

そして1年目に山内一弘、榎本喜八、田宮謙次郎など「ミサイル打線」と呼ばれた強力打線と小野正一という絶対的な左腕エースを擁し、パ・リーグ優勝。日本シリーズで大洋と対戦した。西本を取り巻く人間模様はおもしろい。本書でも紹介した嶋、荒巻、そして常磐炭鉱にいた小野である。さてこの優勝時の別府での凱旋パレードを見つめていたのが、小学生だった稲尾和久だった。稲尾は荒巻にあこがれ、別府緑丘高校（現在の大分芸術緑丘高校）に進学。そこに指導に来ていたのが別府星野組の初代監督・大分商業出身の大塚文雄だった。

別府を始めとして旧各地で野球に対する情熱が渦巻いていた。赤瀬川隼の小説集『ダイヤモンドの四季』に収録されている小説「夏の日の巡礼」に登場する老人の口からは、荒巻や西本の名前が出てくる。物語は元社会人野球選手だった病床に伏す父親の代わりに、親友の消息を訪ねるために別府を訪れるのだが、そこでその老人と出会うという顛末だ。高校時代を大分で過ごした赤瀬川ならではの着想だろう。

稲尾和久の母校・別府緑丘高校跡地へ

さて別府の街を歩いてみよう。まずは日名子ホテル跡地だ。このホテルはすでにない。かつての歓楽街、流川に足を向けてみる。ＪＲ別府駅から徒歩で10分くらいの距離だ。しかし現在は家電量販店「ＥＤＩＯＮ」のあるビルが跡地である。コロナの影響もあるのか、それとも平日だからなのか、日中はほとんど人影もまばらだった。途中、経営権がすでに油屋家からジョイフル、アメイズ、そしてフォートレス・インベストメント・グループへと売却された別府亀の井ホテルがある。

別府はカーナビや住宅地図で有名な、ゼンリンの創業の地でもある。創業者の大迫正富は友人と別府で創業した観光文化宣伝社で、別府市内で宣伝や観光案内などの事業を行い、観光案内の小冊子『年刊別府』、『観光別府』を発行した。この小冊子の巻末付録の市街地図が好評で、これを契機として住宅地図製作に乗り出していく。戦前は吉田初三郎、戦後は大迫正富の尽力も観光都市別府の確立には見落とせない存在だ。

ＪＲ別府駅に戻って山側の方角にしばし歩くと、別府市総合体育館（べっぷアリーナ）がある。これが１９３１年につくられた別府野球場の跡地だ。ここは別府公園の一角にあり、別府星野組の本拠地でもあった。そこからまるで欧米のような雰囲気の別府公園を横断していくと、ビーコンプラザの向かいに別府市美術館があるが、そこが稲尾が在学した移転前の別府緑丘高校の跡地である（写真30）。

さらに足を延ばして別府市民球場まで行ってみよう。さすがに別府公園からは相当な距離がある。バスが来ていれば幸いだが、「市営サッカー場前」もしくは「光の園」のバス停が最寄になる。しかし本数は多くはないので、ＪＲ別府駅からタクシーが無難かもしれない。約5分程度で着く。この野球場は閉鎖された別府野球場の後継球場で、２００７年の開場だ。高校野球の各試合、プロ野球のファームの試合などが開催されている。

筆者が訪れた際には中学生の試合が実施されていた。隣接地にもうひとつグラウンドがあり、そちらのほうは社会人の試合が行われていた。じつはこの別府市民球場は別府稲尾球場とも呼ばれているように、メインスタンド1階に設けられた稲尾記念館には、稲尾が現役時代に着用していたユニフォームやスパイク、表彰盾やトロフィー、写真パネルも数多く展示されている（写真31）。生前、落成記念式には稲尾本人も出席し、惜しみなく協

（筆者撮影）

写真 30 「別府緑丘高校跡地」

力する意思を示したという。

別府では稲尾が最も知名度のある野球選手かもしれない。別府の漁師の家に生まれ、父親の手伝いで幼い頃から櫓を漕いでいて、それが足腰の強化につながったというエピソードは有名だ。別府緑丘高校時代には甲子園の土を踏むことはなかったが、卒業後、西鉄ライオンズに入団する。南海が競合するが、西鉄の本拠地が別府に近い福岡だという点と、高校の先輩・河村久文がいたことが決め手になったと言われている。

同期には小倉高校のエースだった畑隆幸がいるが、畑は甲子園でも大活躍した投手で、稲尾は当時の監督・三原脩からも期待されておらず、キャンプでは西鉄の主力打者相手にバッティング投手を務める有様だった。しかし彼はここでコントロールを磨いていく。のちに西鉄の日本シリーズ3連覇に大きく貢献、連投に次ぐ連投で好成績を挙げたことから「鉄腕」とも称された。

プロ通算成績は276勝137敗、防御率1・98、2574奪三振。それだけでも球史に名を刻む大投手だが、シーズン42勝はスタルヒンと並ぶ記録で、NPB最多となる投手三冠王を2回、最優秀防御率を5回獲得している。まさに昭和30年代を代表するスーパースターだった。引退後は西鉄、ロッテの監督や野球評論家としても活躍した。

（筆者撮影）

写真 31「別府市民球場入口」

しかし特筆すべきは彼の人間性にあるのだろう。温厚な性格で、一癖も二癖もある多くの名選手、落合博満、野村克也、榎本喜八、豊田泰光、杉浦忠、権藤博、佐藤道郎、竹之内雅史たちが口を揃えて、稲尾の人柄とエースとしての品格を讃えている。決して人の悪口を言わない、そして静かに笑っている、それが稲尾だった。野球が人間の人格形成に大きな影響を与えるとすれば、稲尾はその恩恵を被ったひとりなのかもしれない。

別府の地は戦後、間もなくのカオスの中で別府星野組という一瞬の光芒を生み、それはあくまで当時の地方財界人の思惑の所産であったとしても、その延長線上に稲尾という眩い光を生んだのだ。今回は時間がなく、足を延ばせなかったが、校名が別府大学附属高校だった時代には福岡ダイエーホークスやシアトルマリナーズなどでも活躍した城島健司、校名改称後には福岡ソフトバンクホークスの遊撃手として活躍を続ける今宮健太を輩出した明豊高校もある。

別府星野組、稲尾和久、城島健司、今宮健太と野球の糸は間違いなく続いている。別府は野球の隠れた聖地だ。またこの街から新たな才能が世に羽ばたいていってもらいたいものだ。

第10章

香川 ｜ 永遠のライバル・水原茂と三原脩の物語

【高松】

水原茂と三原脩の青春が詰まった街

四国は野球が盛んな地域だ。かつては「四国四商」と呼ばれた松山商業高校、高松商業高校、高知商業高校、徳島商業高校が高校野球を牽引した時代が長かった。その後、鳴門高校、池田高校、高知高校、明徳義塾高校、宇和島東高校、済美高校、観音寺中央高校などの高校が活躍する時代に移行した。「四国四商」の中で最も実績を残しているのが松山商業だろう。「全元号下優勝」は松山商業しか達成しておらず、「夏将軍」と呼ばれるように甲子園での優勝7回のうち、5回が夏だ。

中でも戦後では1969年の決勝戦、三沢高校のエース太田幸司との延長18回引き分け再試合は伝説的な試合になっているし、1996年の熊本工業高校との「奇跡のバックホーム」で知られた劇的な決勝戦も戦っている。しかし残念ながら2001年夏のベスト4を最後に甲子園からは遠ざかっている。

この背景には私学の台頭があるのだろう。夏も春も甲子園出場校の大半が私学の高校という現実がある。公立高校では練習環境、練習時間などで有力な私学とは大きな差が生じているとも言える。

地域にも近年、さまざまな変化が起きていることには留意すべきだ。これだけ時代がダイナミックに変化してくると、変わらないものを探すほうが大変なのかもしれない。

この野球の聖地を巡る旅にしても同様だ。銅像やモニュメントなどはひとつの聖地になり得るが、当時の風景もずいぶんと様変わりし、また建物などは消滅していることも多い。野球はノスタルジックな側面を持つスポーツだ。それはもちろん長い歴史が背景にあるということの証でもある。明治時代の俳人で、野球が好きだった正岡子規も松山の人だ。しかし今回はあえて松山ではなく、高松に行ってみることにした。

近年の高松商業高校の復活もあるが、やはりルーツを辿る旅にしようと思う。高松といえば、戦後の2大監督、そして永遠のライバルと称された水原茂、三原脩のゆかりの地である。水原は高松の生まれだが、三原は香川県仲多度郡神野村（現在のまんのう町）の生まれである。しかし水原は高松商業学校（現在の高松商業高校）に進み、三原は高松中学（現在の県立高松高校）に進むことになる。香川県で野球が始まったのは、1894年に高松中学校の校長がアメリカの「ベースボール書」を手にし、野球部を創設したときからだと言われている。

まずふたりの高松時代を見ていこう。水原は1909年に高松市福田町で生まれた。実家はクリーニング業を営んでいた。旧姓は竹林だったが、のちに一家で水原家へ養子に入り、五番丁（現在の番町2丁目）に転居する。1923年、14歳で高松商業学校に進学する。高松商業学校は1900年に高松市立高松商業学校として開校、翌年の1901年に坂出に香川県立商業学校が開校、この県立商業学校が市立商業学校を吸収合併し、のちに高松に移転、香川県における中等実学教育の中心となった。

三原は1911年に神野村（現在のまんのう町）で生まれた。実家は当地の大地主だった。1924年に丸亀中学（現在の県立丸亀高校）に進んだが、野球に熱中したため、野球嫌いの父親の意向で1927年に高松中学に転校することになった。しかし高松中学の校長が野球部に入ることを条件にしたため、父親の意に反して、さらに野球にのめり込むことになってしまう。高松中学は県内一の進学校で、その校風が対称的であるがゆえに、大正時代末期から昭和初期にかけて両校は野球で競い合い、高松の街の人々も高中派、高商派に分かれて応援合戦が行われていた。

当時の高松商業は1924年の第1回選抜中等学校野球大会で全国優勝し、黄金期に入っていた。水原の1年先輩の宮武三郎、同級生の井川喜代一、堀定一など、卒業後に慶應義塾大学に進学する多くの人材を輩出している。水原は投手兼三塁手として活躍、春夏合わせて5回甲子園に出場した。中でも1925年には春の選抜で準優勝、夏の全国中等学校優勝野球大会で全国制覇する。このときの投手は宮武だったが、1927年には投手として夏に再び優勝した。

水原と三原の初対戦は1927年の夏の四国予選の準決勝だった。このとき高松中学は水原の前にノーヒットノーランを喫している。しかし水原卒業後の翌年、高松中学は高松商業を破り、甲子園に出場する。三原は遊撃手として活躍し、決勝まで進むが、松本商業に豪雨によるコールド負けで準優勝に終わる。しかし当時、両校の活躍で高松は「野球王国」とも呼ばれていた。

1927年、岩手県の福岡中学と高松商業の準々決勝で、福岡中学が日本野球で初の満塁敬遠策を試みたことは先に述べたが、そのときはスクイズを外し、飛び出した三塁走者を挟殺する。このランナーが水原だった。まだプロ野球もなく、野球と言えば中等学校野球、大学野球が花形だった時代だ。

水原は1928年に、先輩だった宮武三郎のいる慶應義塾大学へ進学する。翌年、三原は早稲田大学に進学、彼は旧制第四高等学校を受験する予定だったが、受験の間に東京の親戚のところにいた際にスカウトされたという。早慶戦で最初に顔合わせをしたのが、1929年のこと。水原が三塁手兼投手、三原は代走だった。本格的な対戦はこの年の10月、水原は投手、三原は左翼手で、結果は三原の2三振だった。次いで1930年の早慶戦では水原が5番三塁手、三原が2番二塁手で出場し、三原が投手の宮武からヒットを放っている。

その後、水原、三原は早慶のスター選手となり、三原は1931年の早慶戦でホームスチールを敢行、投手は水原だった。そして1933年、春季リーグ後に突然、三原は野球部を退部、結婚を機に香川県に帰郷する。水原も観客席から投げ込まれたリンゴを投げ返すことによって誘発された乱闘事件、いわゆる「水原リンゴ事件」が発端となり、1933年の秋季リーグ後に、やはり野球部を退部することになる。

1934年に水原は奉天（現在の瀋陽）の自動車会社に入社、実業団野球に身を投じる。三原も大阪に出て就職し、全大阪チームに参加した。ちょうど当時、プロ野球を実現させようとする機運が高まり、1934年のベーブ・ルース、ルー・ゲーリッグを含んだ豪華メンバーの大リーグ選抜チームの来日に合わせて結成された全日本チームに、ふたりは参加する。このチームには久慈次郎や沢村栄治も参加した。これが、ふたりがプロ野球球団「大日本東京野球倶楽部」（現在の読売ジャイアンツ）に入団する契機になった。

しかし日本は戦争への道を進み、三原は3度の応召、水原も1942年に応召と戦禍に巻き込まれていく。戦前は三原が3度も応召されたため、水原のほうが現役時代の成績は上だったが、三原はインパール、水原は満州と転戦することになり、三原は終戦後の1946年に帰国。水原はシベリアに抑留され、帰国は1949年のことだった。ふたりとも九死に一生を得ての帰国だった。

先に帰国していた三原は戦前の報知新聞記者の流れで読売新聞の記者をやっていたが、1947年に請われて総監督の立場で読売ジャイアンツに復帰を果たす。その後、3年目に優勝を果たし結果を出すが、ジャイアンツの選手たちの間に水原監督待望論が噴出し、1950年には三原総監督、水原監督という体制になる。そして翌年、三原は西鉄クリッパーズ（のちの西鉄ライオンズ）の監督に就任。水原と日本シリーズで相まみえるのであった。

いわゆる西鉄の日本シリーズ3連覇が達成される。1956、1957、1958年のことである。1958年は稲尾和久の活躍で、3連敗から4連勝という劇的な逆転優勝だった。三原は1959年に、それまで6年連続でセ・リーグ最下位だった大洋ホエールズの監督に就任し、「三原マジック」と言われた独特の選手起用で、1960年にはリーグ優勝、日本一を達成する。のちには近鉄バファローズ、ヤクルトアトムズ（現スワローズ）、日本ハムファイターズ球団社長を歴任した偉大な野球人だった。彼の台詞で最も有名なのが「野球は筋書きのないドラマである」であろうか。この台詞は三原の野球観を表現しているとともに、野球の魅力の本質を捉えた名言だ。

水原も1960年に東映フライヤーズの監督に転じ、1962年にリーグ優勝、日本一を果たす。そして1968年から中日ドラゴンズの監督を務めた。大リーグの戦術をいち早く取り入れ、またその冷徹で、ときには非情とも言われた采配で一時代を築いた名監督だった。

高松の中央公園は以前には高松市立中央球場があった場所で、この公園の南側に水原、三原ふたりの像が建立されている（写真32）。台座には「野球王国高松を築いた名将」という文言が刻まれている。ふたりの歴史が戦前、戦後を通じての日本の野球の歴史と言っても過言ではないだろう。ふたりの像は監督時代のユニフォーム姿で、水原が読売ジャイアンツ、三原が西鉄ライオンズ。背番号は30番、60番だ。

（筆者撮影）

写真32「水原茂、三原脩像」（高松中央公園）

高松市立中央球場は1947年に開場した。高松は戦時中に空襲に遭い、都心部の大半が焦土と化した。戦後の復興において市は中心部の区画整理を計画した。番町には市が都市公園を建設するための用地が確保されたが、当時市内には娯楽施設が少なく、街を活気づけるため野球場を建設することになった。この作業には高松高校、高松商業高校の野球部員も勤労奉仕を行ったという。

ただ中心部にあったことで利便性は高かったが、球場自体が狭く、外野スタンドがなかったため、打球が外に飛び出すこともあった。また老朽化も進んだということで、1982年に閉鎖。郊外の生島町にある県営球場（現在のレグザムスタジアム）に引き継がれることになり、高松市立中央球場跡地は中央公園に姿を変えることになる。

ふたりのルーツ・高松高校と高松商業

さてここからふたりの高松での足跡を辿ってみよう。三原が通った高松中学は中央公園から近い。現在の高松高校は1949年に旧制高松中学だった高松高校と、旧制香川県立高等女学校だった高松女子高校が統合して男女共学の高校になった（写真33）。現在の校地は高松女子高校の校地を使用しており、高松中学の校地は高松工芸高校の校地になっている。現在の高松高校を訪れて意外に思ったのは、野球部が練習するにはグラウンドが狭いのではないかという点だった。しかしどうやら旧校地だった高松工芸高校のグラウンドの東半分が高松高校の第二グラウンドになっているらしい。

水原が通った高松商業は当時、師範付属小学校（現在の香川大学教育学部附属高松小学校）の西隣、亀阜小学校の北向かいにあった。現在の国道33号線沿いの番町5丁目である。当時は十番丁（1930年以前は宮脇町）ということになるだろうか。地図で見るとしばらく前までは建物があったようなのだが、実際に訪れてみると広大な更地だった。果たしてここに何ができるのだろうか。工事は始まっているのだが、筆者にはわからずじまいだった。

高松歴史資料館第23回特別展『野球王国・高松が生んだ宿命のライバル～水原茂と三原脩の野球人生～』には、1933年高松商工会議所が発行した「高松住宅明細地図」の抜粋が掲載されており、水原の家は高松中学の東にあり、三原の家は道路を挟んで西に記載されている。徒歩で2～3分の距離であろう。

（筆者撮影）

写真 33 「県立高松高校」

高松商業高校は１９４９年に現在の松島町の校地に移転している（写真34）。高松琴平電鉄の瓦町駅から東に10分弱の距離であろうか。もちろん足を運んでみる。夕方には野球部がグラウンドで練習していたが、サッカー部との共用で、練習環境に恵まれているとは言えなかった。しかし最近でも２０１６年の選抜高校野球大会で準優勝に輝いている。一時期は低迷していたが、ここにきて復活の兆しがあるというのはうれしいことだ。

１９１５年から１９４７年の全国中等学校優勝野球大会（戦後は全国高校野球選手権）の四国大会は、高松中学のＯＢの尽力で、第１・２回は香川商業（現在の高松商業高校）グラウンド、第３・４回が高松中学グラウンド、第５回が栗林公園北庭運動場、第６回大会のみ分散開催され、第７回大会からは前年度優勝校が属する県の県庁所在地での開催となり、第21回大会から各県の持ち回りとなった。

また四国大会に出場する香川予選は１９３２年に開催され、この年は高松グラウンドなどが使われ、１９３８年からは屋島グラウンドが使われていた。このグラウンドは１９２４年に四国水力電気会社が開設したもので、１９８５年に電気事業で先行した高松電灯に続いて、１９０２年に丸亀、多度津、善通寺、琴平で讃岐電気が発足。増大する電気需要に応えるために火力から水力への転換を図り、１９１０年に社名を四国水力電気に改める。

（筆者撮影）

写真34 「県立高松商業グラウンド」

その後、福澤桃介が四国水力電気の社長に就任。吉野川水系祖谷川に三縄発電所を完成させ、事業を軌道に乗せていく。また東讃電気軌道（のちの高松琴平電気鉄道志度線）を１９１６年に買収、翌年、高松駅前－公園前間の市内線を開通させる。しかしこの市内線は１９４５年の空襲により休止、戦後に廃止される。

１９３０年に四国水力電気は高松電灯と合併し、その後、香川県下の西讃電気、大川電灯、飯野電灯、水力電気などを併合。１９４２年に四国配電㈱、１９５１年に設立された現在の四国電力に継承された。『四水三十年史』によれば、屋島グラウンドは１９２４年に屋島の麓に建設された野球場をはじめとする運動施設だった。

四国水力電気は、先述したように電気事業だけでなく鉄道事業も行っていたが、沿線の娯楽設備といえば房前海水浴場だけで、他に目立った施設がなかったことからグラウンドを設けることとなった。場所は屋島村新開の屋島停留所に隣接した長方形の敷地で、野球場には一塁側と三塁側にスタンドが設けられた。野球場以外にはテニスコート２面と競馬場も設けられた。屋島グラウンドは現在、屋島レクザムフィールド（屋島競技場）となっている。

高松には「野球踏切」と称される踏切が存在する。ＪＲ高徳線昭和町駅から徳島側に約

200mほどの距離にある、高松市道八番町西浜新町線との踏切のことだ。高松商業の野球部がこの踏切を通ってグラウンドに行き練習していたことから、名づけられたという。このグラウンドが高松グラウンドだ。場所は現在のJR四国研修センター付近ということになる。戦前の十番丁（1930年以前は宮脇町）にあった高松商業からは、高松師範と高松高等商業学校の間を抜けていけば、徒歩で20〜30分くらいの距離になるだろうか。

『香川県政史年表』によれば、高松グラウンドは1943年にはグラウンド跡になっており、消滅していたのではないかと推測できる。同書によれば1926年に完成していたとのことだ。1930年の高松市街地図でもそれは確認できる。所在地は西浜新町である。

もうひとつ気になるのは栗林《りつりん》公園北庭運動場である。こちらにも足を向けてみた。高松市のホームページによれば、栗林公園は寛永中期に生駒家が当地の豪族の庭をもとに築庭し、さらに生駒家に替わって入部した松平家が5代100年あまりをかけて拡大、修築を行い、延亨年間に完成した。松平家11代の228年間、下屋敷として使用され、1875年に県に移管されて一般に公開された。公園は南庭と北庭とに分かれ、南庭は江戸時代初期から中期に見られる回遊式大名庭園として優れた地割り石組みを有し、北庭は元禄年間に造園され鴨場として使われてきたが、明治末から大正初期にかけて近代的に整備改修された。

現在は市民や観光客を集める名所になっており、外国人向けの観光ガイド『ミシュラン・グリーンガイド・ジャポン』の三ツ星を獲得したことでも知られている。１９３０年の高松市街地図でも北庭運動場は確認できるが、おそらく芝生広場と呼ばれている北端の広場のことだろう。現在は芝生の真ん中に大きな楠木があるが、この木がなければ確かに野球ができる広さかもしれない。おそらくこの芝生公園を訪れる人々は、誰もここが全国中等学校優勝野球大会の四国大会で使われたグラウンドだったとは思わないだろう。

もうひとつの重要な高校、市立高松第一高校はこの栗林公園の近くにある。桜町という住宅地である。沿革を辿ると意外とその歴史は古い。１９２８年の設立認可になる。戦後、春1回、夏3回の甲子園出場でベスト8が2回、ベスト4が2回と優秀な成績を収めている。高松第一高校といえば、三原が監督をしていた時代の西鉄ライオンズの怪童・中西太である。彼は三原の女婿でもある。選手としての実働は17年だったが、途中からプレイングマネージャーを務めたため、選手として輝いたのは入団後の7年間だった。

しかし西鉄ライオンズの日本シリーズ3連覇には大きな貢献を果たし、西鉄、日本ハム、阪神で監督を務めた。またコーチとしても数球団で辣腕を振るった。指導した選手には若松勉、岩村明憲などがおり、球界屈指の名打撃コーチとも呼ばれる。

中西は高校1年生だった1949年春夏、3年生の1951年夏と合わせて計3度の甲子園出場を果たしている。最後の夏になった1951年の第33回大会で、岡山東高校（現在の岡山東商業高校）と福島商業高校を相手に、2試合連続ランニングホームランを記録する。

彼の偉業を顕彰した高松市こども未来館（高松ミライエ）の「怪童中西太コーナー」も訪れた。それほど規模の大きなものではないが、ユニフォーム、トロフィーなどのゆかりの品が展示してある。これは前身の高松市民文化センターから引き継がれたものであるらしい。高松商業高校から徒歩圏内だ。郷土が生んだ偉人をこのような形で顕彰することは、とても大事なことだと思う。とくに高松市こども未来館での顕彰は、高松の野球少年たちに大きな夢を与えてくれるに違いない。高松は「球都」と呼んでもいい街だった。

第11章

沖縄 | 戦争に翻弄された沖縄球児と島田叡の功績

【 那覇・北中城 】

10万人の命を救った沖縄県知事・島田叡

那覇を訪れたのは久しぶりだった。前職のレコード会社の時代にはしばしば仕事で足を向けていたが、教員になってからはなぜかご無沙汰だった。最後に訪れた際に乗車したゆいレールが首里駅から先に延伸していたことは驚きだった。じつは沖縄には戦前、鉄道や路面電車があり、交通インフラも予定されていたが、太平洋戦争で灰燼に帰した。

路面電車は沖縄電気が敷設、1914年に大門－首里間で開業、その後、通堂－大門間が開通、全線6・9㎞だった。しかしこの距離は沖縄の人にとって徒歩圏という感覚があった上、並行してバス路線もできたことで経営的に立ちいかなくなり、1933年に廃止の憂き目にあった。鉄道は県営で1914年に与那原線、1922年に嘉手納線、1923年に糸満線が開業し、3路線が成立した。那覇駅は現在の那覇バスターミナルの場所で、路面電車の通堂駅にも近い。

路面電車が敷設されたせいか、鉄道は那覇の市街地を迂回するように路線がつくられたが、那覇の発展には大きく貢献した。さてそんな時代の沖縄の野球から見ていこう。『沖縄県高校50年史』によれば、1894年に修学旅行で京都を訪れた沖縄中学（その後、沖縄一中）の学生が三高の野球部の学生から教わったところから始まるとしている。その後、真和志大道の練兵場や塩田だった潟原などで野球に興じる姿が見られるようになり、後者ではアメリカの軍艦ピッツバーグ号の船員と沖縄中学が試合をしたという記録も残っているようだ。

しかし沖縄中学のグラウンドは狭く、一時期は三塁のない野球を行っていた。紅白試合程度が続いた学生野球は1910年に、沖縄中学が県立一中（現在の首里高校）と二中（現在の那覇高校）に分かれたことから変化が起きる。両校は学問とスポーツに切磋琢磨し合うようになり、1914年に対抗試合を開催するようになった。しかしこの時点では、あくまでも県内大会の範囲にとどまっていた。

大正時代、琉球新報主催の大会などでは実業団チームと中学の試合も行われていたという。1922年にようやく初めて沖縄代表が全国大会の予選に出場する。沖縄一中と那覇商業が全国中等学校優勝大会の九州予選に出場、それぞれ2回戦から登場し勝利を収めている（3回戦敗退）。当初は好成績を収めていたが、その後は九州勢の前に屈することが多くなってくる。

戦前、沖縄県の代表は甲子園には出場できなかった。現在、セルラースタジアムのある奥武山公園には、戦前から野球で使用された運動場があったようだ。『沖縄大百科事典』によれば、奥武山公園自体は1901年に市民公園として開設されたとのことである。それまで漫湖に浮かぶ小島だった奥武山が、明治橋によって両岸と結ばれたこともあり、その前年の5月10日の皇太子成婚を記念して計画されたという。『戦前の沖縄県における運動会の歴史年表』には、1915年に運動場で女子師範・高等女学校奉祝運動会から奥武山公園の運動場が使われたという記載がある。沖縄戦では、この2校の学生が中心になってひめゆり学徒隊が結成されることになる。『沖縄野球の歩み』によれば、試合会場だった那覇市奥武山野球場は「外野後方が海だった。当時は投手マウンドもなく、バックネットもなくただの広っぱでおそまつなモノだった」と記しており、那覇市歴史博物館のホームページ（www.rekishi-archive.city.naha.okinawa.jp）には、奥武山公園の運動場での沖縄一中、二中の野球の試合の写真が掲載されている。

遥かなる戦前の沖縄には甲子園の道は遠くても、野球の芽吹きは間違いなく存在した。ここで記したいのは戦前、最後の沖縄県知事だった島田叡のことである。セルラースタジアムには野球資料館が併設されていて、沖縄県における野球の歴史について詳しく知ることができる場所であるが、筆者が訪れた際には読売ジャイアンツのキャンプが実施されており、入ることができなかった。しかしセルラースタジアムの前には、２０１５年に建立された島田叡氏顕彰碑が建っている（写真35）。

　彼は沖縄戦が始まる２ヶ月前の１９４５年1月、官選知事として内務省から異動してくる。前職は大阪府内政部長だったが、米軍が迫る中で沖縄への赴任を引き受けた。制空権、制海権をすでに米軍に握られていた状況の中で、自ら台湾に渡って食料を調達し、住民を本島北部、九州への疎開を推進、地上戦を逃れた10万人の命を救ったとされる。しかし島田本人は米軍の上陸後、戦火を逃れて転々とし、やがて県庁を解散する。職員を逃がした後、摩文仁の丘で消息を絶った。

　彼は学生時代には野球人だった。旧制神戸二中（現在の兵庫高校）時代には第1回全国中等学校優勝野球大会に出場。その後は三高に進み、東京帝国大学に進学、そこでも野球に傾注し、三高の監督も務めている。卒業後は内務官僚の道を進むが、戦後には彼の野球への取り組みにも注目が集まり、１９６４年には兵庫高校同窓会を中心にした島田叡氏事跡顕彰会が沖縄県高野連に島田杯のカップを贈呈した。以降、沖縄県の高校野球新人中央

（筆者撮影）

写真 35 「島田叡氏顕彰碑」（セルラースタジアム前）

大会の優勝チームには島田杯が贈呈され、中学、学童野球でも島田杯を冠した大会が実施されている。

島田叡氏顕彰記念碑の隣には兵庫・沖縄友愛グラウンドがある。これは沖縄、兵庫両県が1972年、沖縄の本土復帰の年に友愛提携を結び、兵庫県が1975年に沖縄・兵庫友愛スポーツセンターを寄贈したことの一環のグラウンドである。スポーツセンターのほうは老朽化により取り壊されたようだが、その跡地には記念碑が建立されている。筆者も訪れた島田の母校・兵庫高校には彼の業績を顕彰して合掌の碑が建てられているが、この奥武山公園にある顕彰碑と向かい合っているとのこと。本書の冒頭でも触れたスタルヒンと久慈次郎の銅像のようでもある。

甲子園の土すら持ち帰れなかった沖縄球児

今回の那覇訪問で次に足を向けたのは、戦前の旧制沖縄二中である那覇高校だ。前掲の国場によれば、「終戦直後、敗戦で打ちひしがれた人々に明るさを与えたのは野球であった。

何の娯楽もないときで、米軍から払い下げられたソフトボールの用具一式で羽地、石川、宜野座のキャンプで各班対抗の野球が興った。日本や南洋群島、台湾、支那、満州あたりから復員してきたかつての野球人たちによって各地にチームが結成され、地区対抗野球が誕生した」と述べられている。

那覇高校は沖縄県庁から徒歩圏にある（写真36）。牧志公設市場からも至近距離だ。那覇は1944年10月の空襲で大半が壊滅、翌年の沖縄戦で灰燼と帰した。旧制沖縄二中のそばには陸軍の陣地があった。しかし1949年にこの場所に城岳球場が完成、第4回全島高校野球大会が開催されることになる。以降、この野球場を中心として高校野球の試合が実施され、奥武山公園に野球場が完成するのが1960年のことであった。これが現在のセルラースタジアムの母体になる。那覇高校も春、夏1回、甲子園の土を踏んでいる。2000年夏には個性的な選手を集め、1勝を挙げている。

沖縄県の高校が甲子園に初めて登場したのは、1958年のことだ。当時の沖縄県はまだ本土返還前で米国の統治下にあった。1958年の全国高校野球選手権は第40回記念大会として、大会史上初めて全都道府県に沖縄の代表校を加えた47校で開催された。初出場は旧制沖縄一中だった首里高校だった。首里高校は1回戦で敦賀高校と対戦、1－3で敗

（筆者撮影）

写真36「那覇高校グラウンド」

退した。このときの有名なエピソードは甲子園の土の一件だろう。

首里高校の選手たちが甲子園の土をビニール袋に入れて船で持ち帰ったが、当時の米国の法律で外国の土として植物検疫法に抵触し、那覇港で破棄させられた。その後、日本航空の客室乗務員がそれを気の毒に思って、甲子園の小石を40個近く集めて沖縄に届けた。検疫法で禁止されるのは土のみで石は含まれなかったので、首里高校にある甲子園出場記念碑には現在もこのときの甲子園の石がはめ込まれている。

首里高校は首里城のそばにある(写真37)。ゆいレールの首里駅から10分くらいの距離だ。現在、グラウンドとなっている場所に新校舎建設が計画されていたが、この場所で琉球国王の世継ぎになる中城王子の邸宅跡・中城御殿の遺跡が見つかった。野球部は、ゆいレールで一駅先の石嶺駅の近くにある石嶺球場を専用球場として使用していたが、他の運動部と共有になって、全面を毎日、使えなくなっているともいう。しかし首里高校も近年は振るわないが、それでも甲子園へは春2回、夏2回の出場を果たしている。甲子園の沖縄県勢、最初の勝利も1963年夏の首里高校だった。

また2015年からは、東京大学の野球部が石嶺グラウンドで合宿を行うようになっている。首里高校野球部との合同練習も行われている。現地の強豪校との合同練習や交流会

（筆者撮影）

写真 37 「首里高校」

なども適宜、開かれている。また平和学習では糸満市の平和祈念公園を回り、東京大学野球部のOBでもあった島田を顕彰した島守の塔にも足を向けている。島田は首里高校と東京大学野球部をつなげる契機にもなっている。

そういえばくしくも『米軍が最も恐れた男 その名は、カメジロー』で話題を呼んだ映画監督・佐古忠彦が、島田にスポットを当て、知られざる沖縄戦中史を描いたドキュメンタリー映画『生きろ 島田叡－戦中最後の沖縄県知事』が2021年3月から公開された。

さてそんな経緯を辿ってきた沖縄県の高校野球だが、近年では野球強豪県として認知されている。初めて沖縄県のチームがベスト4に進出したのが1968年、全国高校野球選手権での興南高校だ。のちに母校を率いて2010年に史上6校目となる春夏連覇を遂げる監督・我喜屋優が主将のときだった。興南高校の甲子園出場は16回におよび、紛れもない強豪校のひとつとして注目されている。我喜屋は現在、興南高校の理事長も務めている。

興南高校がベスト4に進出する以前、沖縄県の高校は春夏合わせて1勝しかできていなかった。ましてや本土復帰前、パスポートを持って船と鉄道を乗り継いだ時代だ。準決勝の日は官公庁での窓口業務が止まり、国際通りには人影もなくなったという。沖縄に帰ってきたときには那覇市内でパレードも実施された。我喜屋は卒業後、大昭和製紙に進み、そこから大昭和白老に移る。沖縄から北海道である。しかし、そこで彼は社会人野球の2大大会である都市対抗で優勝、日本選手権で準優勝と北海道野球の発展に大きく貢献。現役引退後も大昭和北海道および後身のクラブチーム・ヴィガしらおいの監督も歴任した。

駒澤大学苫小牧高校の監督として、2004、2005年と夏連覇を遂げた香田誉士史が我喜屋の教えを請いに、白老を訪ねた話は有名だ。詳しくは『勝ち過ぎた監督 駒大苫小牧 幻の三連覇』に譲るとして、野球は人と人が織りなす綾がおもしろい。2010年の選抜前に、我喜屋が主将を務めた1968年時の監督・瀬長實が逝去したという。興南高校の全国制覇を見ることができずにこの世を去ったのは残念だ。また兵庫県の出身だが、1980年代の興南高校を甲子園の常連校に育てた比屋根吉信の存在も大きい。

彼は興南高校のベスト4からしばらく経った1976年から興南高校野球部監督に就任すると、1980年の夏にはベスト8進出。春2回、夏4回甲子園に出場し、プロ野球選手も多く輩出した。その後は京都大学の野球部監督も務めた。興南高校はゆいレールの古島駅からすぐのところにある（写真38）。幹線道路から脇道に入って、緩やかな坂を上っていった先にある。古島駅のホームからはグラウンドのネットも見える。街中の学校というイメージだ。沖縄県内で初の私立高校および私立中高一貫校である。

（筆者撮影）

写真 38「興南高校」

豊見城高校も、沖縄野球を強く印象付けてくれた高校だ。１９７５年、赤嶺賢勇の活躍でベスト8に進出した。監督は栽弘義で、彼は豊見城高校で甲子園に春夏6回、ベスト8に3回進んだ。その後、沖縄水産高校の監督に転じると、興南高校の比屋根としのぎを削り、１９８８年夏にベスト8、１９９０年夏、１９９１年夏には準優勝を果たしている。スパルタ式の指導はときに批判もされたが、しかし沖縄県の高校野球を全国に認知させたという意味では評価すべきであろう。

沖縄水産は、那覇のバスターミナルから糸満バスターミナルへ向かうバスに乗車し、糸満入口で下車、そこから徒歩で数分の距離にある（写真39）。栽はすでに鬼籍に入っているが、グラウンドの広い高校であった。最近は１９９９年春、２００８年春の選抜高校野球大会で優勝した沖縄尚学高校や前掲の興南高校の後塵を拝しているが、それでも校門の前に立つと遥かな気持ちになる。

沖縄尚学が沖縄県勢で初めて選抜での優勝を果たしたときの監督・金城孝夫も豊見城高校時代の栽の教え子だ。そして初優勝時のエースだった比嘉公也が、監督として２００８年春に優勝。やはり高校野球には人と人の縁が極めて重要に思える。そしてそれが地域の野球の歴史をつくり、野球の文化基盤をつくっていく。

（筆者撮影）

写真39「沖縄水産高校」

さて沖縄の野球と言えば、マンガ、映画にもなったノンフィクション『遥かなる甲子園』にも触れなければならない。この作品は沖縄県に実在した風疹聴覚障害児のための聾学校である北城ろう学校（マンガでは福里ろう学校）を舞台に、高校野球にあこがれる障害を持つ少年たちが困難を乗り越えて硬式野球部をつくり、甲子園を目指すという物語だった。

登場する少年たちが生まれる前年の1964年には米国で風疹が大流行し、それが米軍の軍用地を持つ沖縄にも拡大、妊婦の中にも感染する者が少なくなかった。そのため翌年、沖縄県では多くの聴覚障害児が生まれ、彼らのための教育施設として1978年から1984年の間、期間限定で設立されたのが北城ろう学校であった。

しかし少年たちは硬式野球部をつくったものの、日本学生野球憲章第16条に記されている、それぞれの都道府県の高等野球連盟に加入することができる学校は、学校教育法第4章に定めるものに限るという条文に該当しないという壁に直面する。つまりろう学校は第6章に規定される学校であり、高野連に加入もできず、また他校との対外試合もできないということになる。

もちろん打球音が聞こえないということでの危険性もあるのだろうが、ろう学校側でも加盟の努力を懸命にするがなかなか状況は好転しなかった。しかし、この問題を日本聴力

（筆者撮影）

写真 40 「北城ろう学校記念碑」

障害新聞が取り上げ、それが他のマスコミにも波及する。これにより高野連も態度を軟化させ、試験試合を行い、危険性がないことを確認した上で、1982年に高野連会長の承認により、特例で沖縄県大会への参加が許可される。そしてようやく1983年、夏の甲子園の沖縄県大会に正式出場の運びとなった。

コロナ禍で感染症への対応が注目される昨今、風疹にもまた注意しなければならない。風疹はときおり世界各地で大流行することもある。『遥かなる甲子園』はいろいろなことを考えさせてくれる作品だ。近年では舞台化もされて、全国各地で上演されているとも聞く。沖縄県は戦争の被害も甚大で、また戦後の米国の統治から本土返還と時代の波に翻弄され続けてきた。

北城ろう学校のあった場所まで行ってみた。那覇バスターミナルから具志川方面に向かい、普天間を過ぎた先に沖縄ろう学校がある（写真40）。正式には沖縄県立沖縄ろう学校である。これが北城ろう学校のあった場所だ。沖縄ろう学校は1924年に那覇市若狭に設立された、沖縄聾唖学校に端を発している。その後、1943年に沖縄県立盲聾学校と合併し、戦争により1945年に閉鎖された。

戦後、米軍統治下であった1951年に、沖縄盲聾学校として那覇の石嶺に再び開校。

1954年に琉球政府立沖縄盲聾学校となった。現在、首里東高校の校地にあたる場所だ。そして本土復帰後の1984年に、北城ろう学校があった中頭郡北中城村に移転して、現在に至っている。校地の駐車場には北城ろう学校の記念碑が建っており、グラウンドも昔日を忍ばせている。

バスで来ると普天間を通るので、左手に普天間飛行場を見ながら普天間市街を抜け、キャンプフォスターの中を道路は抜けていく。この辺ではまさに米軍施設の中に市街地があるといった印象だ。まだまだ沖縄県の抱える問題の解決まで道は遠い。しかし沖縄県の少年たちにとって、野球はひとつの希望であり続けていることを信じたい。

第12章

台湾（嘉義）

日本人が持ち込んだ台湾野球の黎明期

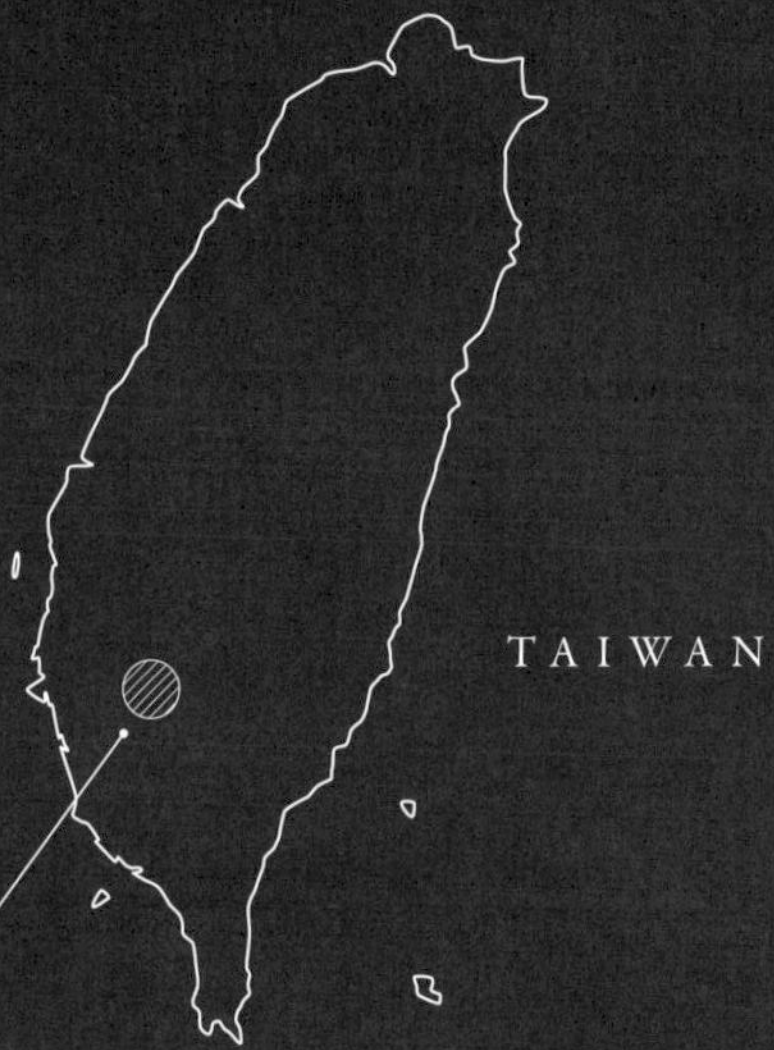

【嘉義】

明治時代から始まった台湾野球の歴史

台湾の野球にも聖地はある。代表的なものは２０１４年に台湾で映画化された『ＫＡＮＯ－１９３１海の向こうの甲子園』で有名になった嘉義農林だろう。しかし『台湾野球史』によれば、明治30年代末にはすでに台湾各地で野球が行われていたという。台湾野球の原点は、正式には１９０６年につくられた最初の本格的なチーム・台湾総督府国語学校第四附属学校増設尋常中等科とされる。台湾総督府国語学校は台湾における日本語教育と教員養成を目的として、１８９６年に「台湾総督府直轄諸学校管制」が発布され、台湾総督府国語学校と国語伝習所、付属学校の設置が定められた。そしてのちに国語学校には師範部と語学部、付属学校の設立が定められた。

師範部では国語伝習所や師範学校の教員、小学校の教員育成、台湾においての普通教育の教育方法の研究、語学部では国語学科と土語学科が設けられ、国語学科では台湾人に日本語を教え、土語学科ではその逆、つまり日本人に台湾語を教え、公私の業務に就くものの教育を行った。付属学校では日本人の学童適齢者及び台湾の幼年、青年に普通教育を施すことを目標とした。

いわゆる植民地教育の一端としての動きであり、数々の模索が以降も続くことになる。もちろん台湾は、1895年の日清戦争の結果として清から日本に割譲されるのだが、移住した日本人が野球を伝えたと見てもいいだろう。台湾総督府の官吏や日本銀行の駐在員たちが、休みのときに野球をやっていたとも言われている。

そしてその3年後に最初のクラブチームである高砂倶楽部が発足すると、野球熱が全島を覆い、大会も行われるようになった。1914年には北部野球協会、1920年には台湾体育協会野球部が設立され、台湾野球は組織化されていく。また1917年の早稲田大学をはじめ多くの大学チームが台湾を訪れ、そのチームと親善試合を行うようになる。その後、台湾でも全国中等学校優勝大会台湾大会が1923年に開催され、優勝校は全国大会に出場することになる。

第1回から第8回までは、台北一中、台北商業、台北工業の台北勢が優勝した。この時期は台北市の圓山野球場（1987年に中山足球場としてサッカーをメインに行うようになり、2008年に閉鎖）で開催された。総督府国語学校第四附属学校増設尋常中等科がのちの台北一中だ。

現在の建国高級中学（日本の高校に相当）ということになる。この学校は現在も台北市内にあり、男子校の名門校だ。赤レンガの美しい校舎（紅楼）が印象的な台湾最古の公立高校だ。設計は、台湾大学医院旧館（旧台北帝国大学医学部附属医院）や西門紅楼と同じ、近藤十郎の手によるものだという。戦前には第17回・第23回の全国中等学校蹴球大会（現在の全国高校ラグビーフットボール大会）で優勝、全国中等学校優勝野球大会には5回も出場している文武両道の名門校だった。

ただ学生のほとんどが日本人であり、1940年代には学生数が1000名を超えていたが、台湾人学生数は総数の3％だったと建国高級中学のホームページに記載されている。この時期以降、日本の野球は当時、併合した韓国や新たな利権を獲得した満州にも広がっていく。しかしそれぞれに伝搬、拡大の方向は違っている。しかし台湾の野球の存在を日本に強烈に印象付けたのは、嘉義農林の活躍だろう。

近藤兵太郎に率いられたこのチームは、1931年の全国中等学校優勝大会で準優勝した。詳しくはのちに譲るが、外地の学校としては1926年に大連商業も同大会で準優勝している。大連商業は全国中等学校優勝大会には12回出場している、戦前の甲子園常連校だが、日本人だけのチームであった。しかし嘉義農林は日本人、漢人、先住民との混成チームだった。近藤は松山の出身で、１９１９年に母校の松山商業を初めて全国中等学校優勝大会に出場させ、その後、台湾に赴き、１９２５年に嘉義商工に簿記教諭として赴任。１９２８年頃から嘉義農林の野球部の教練として指導を始め、１９３１年に監督に就任した。

スパルタ練習がクローズアップされるが、それだけが強くなった原因でもないだろう。近藤の野球哲学によるところが大きいのかと思う。もちろん当時の時代背景や教育の在り方も外せないが、松山の坊っちゃんスタジアム前の広場にある顕彰碑に刻まれている「球は霊（たま）なり」という言葉がその代表なのだろう。精神野球そのものが否定される現代ではあるが、当時はそれが許された時代だった。

さて近藤の教え子は、嘉義農林では、呉明捷、呉昌征、今久留主淳・功の兄弟、呉新亨などがいるが、なかでも呉昌征は戦前、戦後を通じてプロ野球で活躍し、晩年は毎日オリオンズに在籍していた。今久留主淳は戦後、別府星野組を経て、毎日オリオンズ、西鉄ライオンズ、今久留主功も別府星野組から毎日オリオンズ、近鉄パールスで活躍。人生の綾とは不思議なもので、本書でも触れた別府星野組の選手が主体になった毎日オリオンズにこの3人は在籍し、今久留主淳は稲尾の同僚になっている。野球人たちの偶然の出会いと別れに感嘆するしかない。

嘉義農林の開校は1919年になる。公立という形だった。台湾総督府は台湾農業の発展に必要な人材育成を目的とした。1921年には行政区分の変更に伴い、台南州立嘉義農林となる。現在はその発展形として、2000年から国立嘉義大学になっており、嘉義市内に4つのキャンパスを展開する総合大学である。

さて嘉義農林が近年、再び注目される契機となった台湾映画「KANO」について触れないわけにはいかない。この映画は2014年公開の作品で、台湾でもヒットした。この作品は甲子園大会から13年後の1944年から始まる。冒頭のシーンには汽車で台湾を通過して戦地に向かう帝国陸軍の軍人たちの中に、嘉義農林と甲子園で戦った錠者《じょうしゃ》博美大尉の姿があった。

彼は汽車の中で「嘉義についたら起こしてくれ」と言って眠りにつく。錠者はやがて嘉義で降り、人気のない嘉儀農林のグラウンドに立つ。彼は札幌商業（現在の北海学園札幌高校）の選手で嘉義農林と準々決勝で戦い、7－19のスコアで敗れた投手であった。実在の人物ではあるが、実際には彼は南方には行かず、中国大陸に出征。戦後まで生き延びるが、シベリアの収容所で亡くなる。

「ＫＡＮＯ」には永瀬正敏などの日本人俳優も多く出演し、日本でも注目を集めた。この映画がなければ埋もれていた野球の歴史だったのかもしれない。ただそういった時間の流れの延長線上に、現在の台湾野球があるに違いない。日本統治時代は日本に組み込まれていた台湾だが、映画の背景はとても複雑だ。嘉義農林の甲子園準優勝の前年には、先住民による大規模な抗日運動・霧社事件も起こっている。ただそれは本書では語り切れない。とはいえ白いボールを追うことに懸命だった少年たちは、紛れもなく純粋であったはずだ。

『街道をゆく40台湾紀行』でも嘉義農林の活躍について触れている。そこでは嘉義農林が準優勝したときのメンバーのひとり、上松耕一（陳耕元）の家族に会ったエピソードが書かれている。上松は先住民の出身で、嘉義農林卒業後は横浜専門学校（現在の神奈川大学）に進学。その後は嘉義に戻り、自動車会社に勤務しながら、母校の嘉義農林に頼まれ野球部の指導をした。そして結婚後、出身地の台東に戻って先住民のための学校を建てたという。

息子の陳建年は台東県の県長を務め、孫の陳瑩は台湾での国会にあたる立法院の議員を務めている。日本台湾交流協会の『交流』に掲載された野嶋剛の「野球と棒球」——白球がつなぐ日台百年史」には、興味深い調査の結果が記述されている。上松は交通事故死するのだが、その後、台東の野球は嘉義農林関係者が中心になり、1960年代後半から1970年代前半にかけて、馬蘭野球チームが活躍した。また同時期に紅葉小野球チームも活躍、台東に野球の基盤が生成していく。台東からは、郭源治や陽岱鋼も輩出されている。この野嶋の論考は台湾の野球の歴史を辿るものだが、現地でのヒアリングも行っており、参考になるものだった。

映画「KANO」の舞台となった嘉義

さてその嘉義へ足を向けてみよう。ちょうど2年前が筆者の直近の台湾訪問だった。以前から何度か台湾には足を向けている。学生の引率、現地の大学での講義、台湾版コミックマーケットへの訪問、ポップカルチャーの調査などが目的だった。日本統治時代の面影が彼処に残ってはいるが、ただ第二次世界大戦以降、台湾は台湾で独自の文化を築いてきた。それがとても魅力的に映る。

嘉義へは台北から台湾高速鉄道（台灣高鐵）で約1時間半、在来線の特急では3時間半くらいの距離で、台湾の南部寄りにある都市だ。現在の人口は約27万人、広域に都市圏として捉えると50万人弱になるだろうか。嘉義はもともと、阿里山森林鉄道の発着駅のある林業の街として栄えた。戦前に農業用水の確保のために烏山頭ダムをつくった八田與一も、大沢たかおが演じる形で「KANO」の中にも登場する。彼は「嘉南大圳の父」として嘉南の農民から慕われ、尊敬されるようになる。

映画でもしばしば登場する嘉義市中心部に位置する噴水付きのロータリーは、優勝パレードも行われた市のメインストリートにある。この通りを選手たちは毎日、「甲子園」と唱和しながら走った。現在では近代的になり街並みもずいぶん変わり、噴水の中央部には呉明捷の銅像が立ち、街のシンボル的な場所になっている（写真41）。

嘉義農林の発展形態である国立嘉義大学蘭潭キャンパスは、台鐵の嘉義駅から車で20分ほどのところにある。ここでは実際の映画撮影は行われていないものの、実話の舞台となった国立嘉義大学（嘉義農林学校の後身）の蘭潭校区に設立された「天下の嘉農」のボール型モニュメントや、近藤監督と蘇正生の銅像が設置されている。

このモニュメントに近い学生活動中心には校史の展示室があり、「KANO野球特展」

写真 41 「呉明捷投手像」

という形で、映画と実際の嘉義農林の歴史に関するものが展示されている。１９３１年に甲子園で準優勝したときの楯「朝日杯」もある。この楯は戦乱の中で消失したものだが、１９９６年に朝日新聞社と高野連が再度製作して当時のメンバー・蘇正生が自ら受け取りに行き、嘉義農林のＯＢたちの悲願が達成された。

嘉義公園には嘉義市立野球場がある。現在は近代的な趣きの野球場になっているが、ここがかつての嘉義農林の練習グラウンドだったらしい。この野球場の６番ゲートには、１９３１年の全国中等学校優勝大会の決勝のスコアボードと打順が掲示されている。近くに嘉義高級商業職業学校があるが、これはかつての嘉義農林の校地跡に建っている。それを示すかのように、嘉義高級商業職業学校から野球場に向かう道には嘉義農林の偉業を称えるプレートやモニュメントが点在し、「ＫＡＮＯ」ファンの聖地と化している。

野球場にはさらに「台灣棒球維基館」が設置されており、嘉義農林の展示のみならず、王貞治や郭源治などの台湾野球を代表する選手も紹介されている。台湾の野球殿堂博物館的なスタンスのものである。この嘉義公園には嘉義神社があった。第二次大戦後、中華民国によって本殿は忠烈祠として改築されて殉国の兵士を祀っていたが、１９９４年に火災で焼失、その後は跡地に高さ62ｍの射日塔という展望台が建設された。なお社務所・斎館は純日本風の木造建築として現存しており、嘉義市史蹟資料館になっている。

また阿里山森林鉄路阿里山線の北門駅の近くにある「檜意森活村園區」は、２０１２年に開設されたものだ。日本統治時代の阿里山が林業で栄えたときに、台湾総督府営林局の宿舎として建てられた日本家屋が集まるエリアだ。１９１４年～１９４４年の間に建設された木造建築物28棟の建物がある。場所も「ＫＡＮＯ」のロケ地として使われている。現在「ＫＡＮＯ故事館」となっている建物は、映画では永瀬正敏が演じた近藤監督の家だった。こちらでは映画撮影の際に使用されたボールやユニフォームなども展示されており、映画「ＫＡＮＯ」所縁の地になっている。

さて２０１５年には「ＫＡＮＯ」が日本で公開されたということもあり、北海学園札幌高校（かつての札幌商業高校）へ嘉義大学の教員、学生が訪問している。こういった交流も映画がつくった縁である。映画化がなければ、錠者博美は歴史の中に埋没していた人物なのかもしれない。あの不幸な時代にひとりの若者が懸命に白球を追い、そしてその夢を継続させることなく潰えたということを忘れてはならない。野球の聖地巡りはさまざまなことを教えてくれる。それは日本に限らず異国でも同様だった。この事実にはことさらに感慨深いものがある。

台湾の野球は日本から持ち込まれたものではあるが、かつて米国から野球が持ち込まれた日本が、独自の野球文化を生成してきたのと同様に、戦後は紛れもなく独自の台湾野球という文化をつくってきた。１９９０年発足のプロ野球リーグもあり、またそれを支えるアマチュア野球の中で、高校野球までのカテゴリーは、三級野球と呼ばれている。まず小学生を対象にした少年野球、中学生を対象にした青少年野球、高校生を対象にした青年野球だ。

戦後に盛り上がったのは成年野球（大学野球・社会人野球）である。成年野球はこの時期から公営、民営のそれぞれの企業、団体が野球チームを構成するようになった。その中で代表的な企業は郭泰源、張誌家などを輩出した合作金庫、台湾電力だろう。そしてそこからプロ野球リーグの結成へと結びついていく。これからも台湾野球として、独自に発展していくのだろう。

第13章

中国（大連）

大連満州倶楽部と大連実業団がしのぎを削った時代

【大連】

初期の都市対抗野球を彩った大連チーム

大連にはこれまで2回、足を向けた。1度目は大連大学での講義であった。当時、筆者は日本の食文化に興味を持っていた頃で、2泊3日の行程で大学以外は中心地を車で訪れるくらいのものだった。2度目は2018年、フリーで2泊3日の行程で再訪してみた。その頃は野球の研究に少しだけ手を染めかけていたので、探訪ルートに野球関連が加わることになった。

大連の歴史は複雑だ。近年では日本企業の中国進出がいち早く行われた都市だということでも知られているが、もともとはロシア領の都市として本格的に開発された。それ以前は三山、三山浦、三山海口、青泥窪口と呼ばれた場所であった。1880年代に清が大連湾北岸に砲台を築き、都市が形成され始めた。ロシアは日清戦争後の1898年に、三国干渉で清を救済した見返りとして大連のある遼東半島先端部の租借権を得た。ロシアはここに「ダルニー」という名をつけ、不凍港として港湾整備に着手。パリをモデルにした都市計画を立案、また東清鉄道を建設し、シベリア鉄道とも連結させた。そして郊外の旅順に要塞を築いた。

しかし１９０４年に始まった日露戦争は日本が優勢に立ち、終戦後の１９０５年にポーツマス条約によって遼東半島先端部の租借権はロシアから日本に移譲された。日本は清の地名から大連という都市名に変わった。ロシアがつけた都市名に発音が似ていることも改名の理由のひとつだったという。ロシア時代はまだ開発も途上で人口も４万人程度だったので、日本は大連を貿易都市として成長させようと引き続き港湾開発を進め、南満州鉄道（満鉄）を中心に交通インフラ整備に着手した。

都市計画もロシア時代を踏襲し、西洋風の建築物が建ち並ぶ街路と市電を敷設、１９２０年代には大連駅と連鎖街に代表される駅前地区の整備を行い、それに伴い中心市街地が発展することになった。とくに象徴的なのは大連市役所、東洋拓殖大連支店、大連ヤマトホテルなどで周辺を取り囲む形のロータリーと、円形広場で構成される大広場（現在の中山広場）である。この広場もロシア時代に端を発するが、現存する建築物10棟のうち７棟が日本人建築家による設計である。

現在は大連中山広場近代建築群として、上海の外灘と並ぶ20世紀初頭の建築が集積する場所であり、観光スポットとしても知られている。満鉄の本社ビルもこの近隣に現存している。また一部の市電は当時の車両を現在でも使用しており、それはそれで趣きのあるものになっている。また中山広場以外にも前掲した大連駅、旧大連三越などの建築物は現在でも使用されている。

１９４０年には大連の人口は60万人を超え、アジア有数の貿易港に発展。日本人居住者も約20万人おり、支配者層が日本人という性格を持つ都市であった。当時、新京（現在の長春）、奉天（現在の瀋陽）などの比較的大きな都市は同様の性格を持っていた。つまり大連の野球は台湾同様に日本人が持ち込んだということになる。

日本人入植者にとっては娯楽が少なかったこともあり、盛んに野球が行われたという。また満鉄は福利厚生のため、野球を奨励した。そのため東京六大学の選手が満鉄に就職したり、指導者になったこともあり、満鉄の本社があった大連の野球レベルは自ずから向上していった。都市対抗野球大会は１９２７年に第1回大会が開催されたが、満鉄中心の選手で構成された大連満州倶楽部が優勝、１９２８年の第2回大会は他の大連の企業に勤める選手が中心となった大連実業団が優勝、１９２９年の第3回大会では大連満州倶楽部が優勝と黄金期を迎えた。戦前はこれ以降も大連満州倶楽部が2回、大連実業団が1回、準優勝をしている。

『近代の日本の中高等教育と学生野球の自治』によれば、都市対抗野球大会の第1回優勝の大連満州倶楽部はメンバー17人のうち11人が大学出身者で、京都大学卒の1名を除いて残りの10人は東京六大学出身者、中等学校出身の選手は全員が全国大会出場経験者だったという。明らかに優秀な選手で固められていたことがわかるだろう。

大連以外の満州でも日本人が多く住む都市では野球熱が高まり、戦前の都市対抗野球大会には新京（現在の長春）の新京電電、新京満州倶楽部、奉天（現在の瀋陽）の満鉄倶楽部、鞍山の昭和製鋼、撫順の満鉄倶楽部が出場している。

また1913年に始まった大連満州倶楽部と大連実業団の「実満戦」は「満州の早慶戦」と言われるほどの人気があり、多くの観客が詰めかけた。選手としては、大連満州倶楽部には浜崎真二（慶大、後に阪急、国鉄監督）、山下実（慶大、阪急）、中沢不二雄（明大、パ・リーグ初代会長）、満州実業団では岩瀬（谷口）五郎（早大、巨人コーチ）、田部武雄（明大）、松木謙治郎（明大、阪神、東映監督）などが在籍していた。まさに多士済々である。当時はプロ野球誕生前から黎明期にあたる時期だ。

芥川賞作家の清岡卓行は受賞作『アカシヤの大連』で大連実業団の田部に触れている。

「どちらかと言えば小柄であったその選手は、手足のバネが素晴らしく、打撃も守備も走塁も抜群であった」というように、幼少期を大連で過ごした清岡の文章からも、当時の大連の野球状況が垣間見える。残念ながら田部も沖縄戦で戦没、大連野球の輝きもひとときのことであった。

もちろん社会人野球が活発化することに伴って、学校でも野球熱が高まっていく。まず1907年に満鉄が大連に本社を移転、その際に人材育成の目的で満鉄見習夜学校（のちの満鉄育成学校）を満鉄本社内に設置、また1910年には旅順に技術者養成のための旅順工科学堂（のちの旅順工科大学）が設置される。両校はともに野球部を設け、ときおり試合をやるようになるが、ただ大きな動きには結びつかなかった。

また1906年に5年制商業学校として大連商業、1912年には南満州工業が開校。この2校は定期戦を行い盛り上がりを見せるが、応援団の対立により、1917年には中止に至る。しかし1920年に遼東新聞社の仲介で復活、そして大阪朝日新聞主催の全国中等学校優勝大会が満州予選を行うことになり、この定期戦が組み込まれることになった。

満州予選は1921年から始まり、全国中等学校優勝大会の第7回から満州代表が出場することになった。この大会には大連商業が出場し、いきなりベスト4に進出する。大連商業は1922年の南満州工業、1929年の青島中学の出場を除いて、1935年の廃部までの14年間で12回出場、初出場時を含めベスト4に4回残った。1926年には決勝で静岡中学に1－2で惜敗したが、堂々の準優勝に輝いた。

大連の野球は、社会人では大連満州倶楽部と大連実業団が、中等学校野球は大連商業が牽引してきたと言えよう。ただ大連商業は嘉義農林と違い、日本人学生のチームであった。この大連商業の校舎は現存している。現在の大連市第36中学だ。現存する校舎は1920年代のものと言われている。ちなみに南満州工業の校舎も現在、大連理工大学の校舎の一部として使われている。

驚くべきは中山公園を取り囲む建築群同様、大連は見事に旧満州国の建築物を保存している。ある意味、日本よりもと言っても過言ではないだろう。確かに都心でも新しい高層ビルができており、また郊外には無数の高層マンションが林立している。野球の灯は消えたと見てもいいかもしれない。戦後、大連でも終戦後に残留していた日本人が、日本人救済目的で伝統の実満戦を実施したが、日本人退去後には野球熱は大連から去っていく。

当時、多くの日本人にとって大連は、都市計画にもとづいた美しく堅牢な洋風建築が建ち並び、水洗トイレや電話自動交換機など、まだ日本でも整備されていないインフラが当たり前にある先進都市であった。また大連港は自由貿易港でもあり、ハルビンまで特急が走る交通の拠点で人やモノが活発に行き来し、日本人、中国人、ロシア人、欧米人が闊歩する都市でもあった。野心家にとってはまさに新天地、夢の都であったのかもしれない。

戦前の野球の聖地を巡ることができる

大連には大連満州倶楽部、大連実業団の本拠地だった球場があった。現在は姿を消してしまっているが、戦前の大連の地図を手掛かりに足を向けてみよう。戦前、満鉄倶楽部、大連実業団のふたつの強豪チームを持つ大連には、それぞれの本拠地としてふたつの野球場があった。

大連実業団の本拠地だった野球場は、かつての中央公園の中にあった。それ以前は西公園と称していた時期もあるが、1926年に中央公園と改称した。もともとは現地住民の住居が点在する場所であったが、ロシア統治時代に造園が進められ、動物の飼育、アカシアなどの樹木も植えられ、野球場をはじめとしたスポーツ施設や植物園、音楽堂、料亭もあったという。背後の山は緑山といい、公園には1926年に日清日露戦争の戦没者を弔う忠霊塔が建てられた。現在、テレビ塔が建っている山の上からは大連の市街が一望できたという。

現在の労働公園はなだらかな斜面にあるので傾斜地が多いが、池もあり、ジェットコースターなどもある遊園地も併設されている。忠霊塔はすでにないが、その場所にサッカーボールのモニュメントがある。すでに大連のスポーツの主役は野球からサッカーに変わったようだ。公園の中に一部だけ平らになっているところがあり、おそらくそこが野球場があった場所なのだろう。広場があり、遊歩道が扇形のように緩やかにカーブしているところが、外野のフェンスがあったところだろうか。1990年頃まではグラウンドが残っており、野球やソフトボールで使われていたそうだ。

満鉄倶楽部の球場は労働公園の近くにあった。最近までサッカーや陸上競技などで使用されていたらしいが、現在は廃墟となっている。ちょうど大連実業団の野球場から徒歩で数分の距離だ。1940年にプロ野球が満州でリーグ戦を実施、満州の邦字新聞社である満州日日新聞社が「紀元2600年記念」という名目で主催し、日本職業野球連盟に所属する全9球団が1940年7月31日から8月23日まで満州国各地を転戦した。この経緯は

『紀元2600年の満州リーグ──帝国日本とプロ野球』に詳しい。

満鉄倶楽部野球場では大阪タイガース（現在の阪神タイガース）の三輪八郎が対東京ジャイアンツ（現在の読売ジャイアンツ）戦で球団初のノーヒットノーランを達成している。当時は職業野球と蔑視されていた頃で、日本職業野球連盟の思惑と国策の合致によって成立したリーグ戦だったとも言えよう。

『図説　大連都市物語』では、以下のように記している。「大連の早慶戦と評された『実満戦』と呼ばれる対抗試合では、満鉄社員とその家族は満州倶楽部を応援し、そうでなければ実業団を応援した。野球場も中央公園内にふたつあったが、満州倶楽部が使う満鉄球場は内野スタンドに屋根がかかり、実業団野球場より立派であった」。ここで満州倶楽部と表記されているのが、本書で記す大連満州倶楽部のことだろう。

また『大連ダンスホールの夜』は、少女時代を日本統治下の大連で過ごした作者が書いた秘史だが、この書籍にも大連満州倶楽部で活躍し、戦後、初代パ・リーグ会長を務めた中沢不二雄が登場してくる。張学良の件にも触れ、スポーツ振興に名を留める岡部平太と張学良の面会の様子を、作者は中沢から聞いたと記している。岡部も満鉄に勤務し、中沢は一時期、満州日報の東京支社長だったという。野球、そしてスポーツ全般でも大連においては満鉄の掌の上にあったということだろうか。

じつは旧制大連商業だった現在の大連市第36中学も、労働公園から徒歩圏内にある。大連商業は先述したように甲子園でも華々しく活躍したが、野球部は1935年に唐突に解散してしまう。表向きは後援会の衰退という理由だったようだが、『戦前外地の高校野球』によれば、「満州事変以後の、空気の変化が影響したのではないだろうか」とし、さまざまな推測は成り立つが、決定的な原因はわからないと結んでいる。

大連市第36中学の場所は、森ビルの裏手に位置している住宅街にある、唐山街と勝利路の間と言えばいいだろうか。森ビルの近隣には、日本人客目当ての飲食店が集積しているエリアがあるが、最近は日本人の駐在は郊外のテクノパークなどに移動しており、都心部とその近隣に住む日本人は少なくなっているようだ。大連市第36中学は赤レンガの様式建築の建物だが、玄関がちょうど神社の鳥居を思い起こさせる形になっており、とても印象深いものだ。

また南満州工業も大連大学の一部になっているが、大連大学化工院の建物がそれにあたる。ここも中山路沿いの森ビルの近隣にある。南満州工業も戦前に一度、夏の甲子園に出場している。この界隈は戦前の文教地区で、その他には映画俳優の三船敏郎、映画監督の山田洋次の出身校でもある大連一中も、現在では大連理工大学の遠程、継続教育学院の建物として利用されている（写真42）。1918年開校の、やはり赤レンガを基調とした洋風建築だ。

日本ではほとんどあり得ない、戦前の野球の聖地を巡ることが十分にできる都市なのである。もちろん野球以外も同様で、都心部においても高層建築が増加してきているが、それでも日本人にとっては懐かしい雰囲気を味わえる貴重な都市のひとつである。日本が当時、築いた都市を基盤にして、中国が新たな側面を加えた都市と言っても過言ではない。確かに野球熱は現在の大連にはほとんどうかがえない。しかし幻のようではあるが、確かに戦前の一時期、大連は日本の野球の中心だった時代があった。

本章で紹介した野球の聖地はほぼ徒歩圏内で回ることができる。機会があれば戦前の日本の建築物探訪を兼ねて訪れてみてほしい。満州という国の是非は他に譲るとして、大連の都心部は見所が満載だ。先述したように当時の近代的商業地区である連鎖街、使用用途は変わっているが、大連三越の建物も健在で、またＪＲ上野駅に酷似している大連駅も建物自体は当時のままだ。

(筆者撮影)

写真 42 「大連理工大学遠程教育継續教育学院」(大連一中)

第 **14** 章

旅の終わりに

野球という文化の奥深さを知った旅

コロナ禍の中の取材であった。嘉義、大連には再訪がかなわず、数年前の記憶を紐解いての執筆になったことは忸怩たる思いであるが、ご容赦を願いたい。約1年をかけて日本列島を北から南へ、そして旧日本統治領であった都市へと足を向けた。旭川、札幌、函館、二戸、盛岡、いわき、東京、伊勢、新宮、和歌山、神戸、西宮、宝塚、大阪、洲本、高松、別府、那覇と野球をテーマにした聖地を巡る旅であった。さすがに1年という限られた時間で、また教員という本業を持っている手前、ここまでが物理的な限界だった。

もちろん時間に余裕があれば、もっと多くの地域に足を延ばすこともできただろう。しかしそれはまた後日ということになる。ページ数の制限もあって本書では取り上げることがかなわなかったが、実際にはもっと多くの地域に足を運んだ。飛田穂洲の聖地である水戸、昭和の名監督・稲川東一郎率いる桐生高校のある桐生、沢村栄治の歴史的快投があった草薙球場のある静岡などだ。

冒頭でも述べたが、野球はベースボールから発展し、独自の成長、発展を遂げた日本のスポーツ文化である。本書でも高校野球（戦前は中等学校野球）の聖地を数多く辿ってみたが、それらの野球は大なり小なり地域に寄与していることがよくわかった。高校野球はそれぞれの地域を代表して甲子園に出場して覇を競うわけであり、大学野球も全日本大学野球選手権がある。社会人野球は文字通り都市対応であるし、プロ野球においてもフランチャイズを置く都市では熱心なファンが当該都市に多く存在する。『大リーグと都市の物語』は、アメリカのメジャーリーグを中心に１００年以上の歴史を通して、地元ファンとの関係、都市における球場のあり方、移転や拡張をめぐるエピソードなど、さまざまな物語を紡いできたことに着目し、野球と都市の関係性を述べたものだが、日本ではアメリカと違って少年野球、学生野球、社会人野球、プロ野球（独立リーグを含めて）の重層性が特徴的なのかもしれない。

さて野球の歴史を遡上すると、明治末期の「野球害毒論」に象徴されるようにさまざまな野球に対する意見があるのは承知の上だが、「野球害毒論」を積極的に紙面展開した朝日新聞やそれを支持する知識人の論陣をよそに、当時高まっていた野球熱が収まることもなかった。それと同様、球児たちは甲子園出場を夢見て練習に明け暮れ、甲子園では国民が熱狂する構図は崩れてはいない。プロ野球も同じだ。サッカーに押された時期もあるが、一定数のプロ野球ファンは存在し続けている。

おそらく今後、懸念されるのは少子化の問題だろう。実際に埼玉県、千葉県ですら人口減少傾向にあり、他の地域ではさらに深刻な状況になりつつある。人口縮小都市で目につくのは高校の統廃合である。これは高校野球の基盤を揺るがす問題でもある。近年ではいくつかの高校の合同チームもある。野球部員数を維持できない近隣の高校同士が合同でチームを結成する形だ。もちろん練習時間、場所の確保含めて単独チームに比べると、ハンデキャップが大きい。

ひいてはプロ野球、社会人野球の基盤にも影響必至の問題だろう。プレーする高校球児の減少はもう避けられない状況だ。数の論理で質を高める術は転換せざるを得ないのかもしれない。つまり人材育成的な観点からして新たな方法論を確立すべきなのだろうか。ともあれこれまで長い時間の流れの中で形成されてきた野球文化の利点だけは損なわれないようにしたいものだ。今回、各地を巡って最も気になったのは以上の点だ。

またそれぞれの野球人たちの顕彰だが、野球ファンに限定されるものが多かったように思う。たとえばスタルヒン、沢村栄治などは旭川や伊勢の市民の認知度も高いだろうが、他の野球人たちは一般化してはいないようだ。知る人ぞ知るということで本来は構わないのかもしれない。もちろん時代も流れ、若い人々にはまったく関心を持たれていない野球人も数多くいることだろう。ただ彼らが生きた証を風化させることだけは避けなければならない。

とくにプロ野球はもとより、当時の中等学校や大学で活躍した野球人のかなりの数が戦争の犠牲になったという事実は極めて重要だ。世が世であれば、その後の野球人生で大きな花を咲かせた選手も数多かったに違いない。今回の旅では一部は墓地巡りの旅になったともいえる。まさに聖地巡礼であった。しかし墓地の中で墓碑を探して回るのも切ないものだった。彼らには活躍した当時の写真、手紙、野球人としての記録も残ってはいるし、人によってはまとまった形の書籍化もなされているが、ただ墓碑の前に立ったときの切なさはとても深いものだった。

野球が好きだった彼らはそれを放棄せざるを得ず、国のためという名目で戦地に送られていった。平和だからこそ野球ができるという事実は大事だ。そして平和という状態を継続させることに微力ではあるが、筆者も尽力せねばと改めて思った。沢村栄治、嶋清一の墓を訪れて、見上げた空の青さを忘れることはないだろう。

かつての野球人の足跡を各地で辿り、所縁の地を訪れる。野球人たちの顕彰は限定的な広がりではあるのかもしれないが、地域と野球の関わりは思っていたよりも深い。単純に地域活性化と結びつけたくはないが、独立リーグも今後は注目していきたい事象のひとつだ。経営的には難しい部分もあるかとは思うが、今までとは違う文脈での地域と野球の関わりを提示してくれている。

「たかが野球されど野球」である。野球という競技自体の奥深さはもとより、今回、旅をして思ったのは野球という文化の奥深さであった。本書では表面をなぞる程度の記述しかできなかったが、ここをもう少し掘り下げればもっと深い事実や物語に出会うこともできるのかもしれない。さすがにわずかの時間でそこまではいかなかったが、それでも糸口はいくつも見えた。とくに戦前から戦後にかけてのプロ野球草創期においての企業と球団の関係は興味深い。たとえば『球団消滅―幻の優勝チーム・ロビンスと田村駒治郎』や『広告を着た野球選手：史上最弱ライオン軍の最強宣伝作戦』など数々の書籍がある。

コンテンツツーリズムから野球を見る

筆者は子どもの頃から野球ファンである。しかしそれほど熱心なファンでもなく、一般的なテレビ観戦、日常の話題に野球の話をする程度のファンである。このスタンスは今も大きくは変わっていない。他に興味のあることも多々あるので、ひとつのことに傾注できないのだろう。広く浅くが筆者のスタイルだといえばいいのだろうか。野球の関しての書籍もぽつぽつとは読んできたが、本書の執筆に臨んで慌てて乱読をしたという点は否めない。ただ筆者が研究者として絶えず中心に据えてきた日本の文化を、野球を通じて眺めるという作業は楽しかった。

また筆者がここ十数年、さまざまな視点から論じてきたコンテンツツーリズムの議論のひとつの拡張と捉えてもいい。コンテンツツーリズムに関しての単著は、2010年に『物語を旅するひとびと』を上梓して以降、数冊を上梓した。その間、2016年に「聖地巡礼」が流行語大賞のベスト10入りしたり、角川書店やJTBなどがアニメツーリズム協会を設立したりと、アニメが中心ではあるが、インバウンドも視野に入れた施策展開が増えている。最近では数多くの若手の研究者が、この領域で活発に議論をされているのを拝見する機会も増えているし、他の専門分野の研究者もこの領域に参画している傾向も強くなってきている。

コンテンツツーリズムは一種の文化観光でもあり、また作品世界への共感によって生じる観光行動だともいえる。そういう意味から知れば本書もコンテンツツーリズムに関しての書籍といえるのかもしれない。野球という文化、野球というコンテンツとしての捉え方といえばいいだろうか。各地での野球の物語の醸成には数多くの人々の関与があってのことでもある。野球の聖地はこの物語の醸成の先に生まれるといってもいいだろう。筆者は紛れもなく球場、記念碑、墓碑、高校や大学のグラウンドに立ち、数々の野球の物語を感じ取ることができた。

おそらくこの野球を巡る旅は筆者にも大きな知見を与えてくれた。それは先述したような野球と地域の関わりだったり、また野球にまつわる物語の確認でもあった。またそれは同時に日本に深く根付いた野球という文化が、海外から持ち込まれた文化であるにも関わらず、独自性を伴っていく過程の把握でもあった。本書が野球ファンや関心を持つ人々にも聖地を巡るおもしろさを伝えることができれば幸いである。野球は深く、とことんおもしろい。

　プレーすることのおもしろさだけではなく、一ファンとして日本の文化としての野球を捉えなおすこともまた妙味でもあるだろう。これからも野球の歴史が大過なく続くことを願いたい。

あとがき

本書は２０２０年初頭に構想し、その後、出版を大月書店に引き受けてもらうことに決まり、ちょうど夏頃から調査というか、旅を始めた。すっかりコロナ禍に日本が巻き込まれてしまった後のことである。取材等に関しては予定の変更を余儀なくされたこともしばしばあり、予定していた行程を消化したのが、２０２１年の初頭であった。最後の那覇では空港自体にもあまり人影はなく、各地を巡るさなかでも閉店、休業の店舗に数多く遭遇した。

観光という行動が国内でも一時的にこそあれ、死に絶えた感は拭えなかった。ときおり、観光業界の人々や研究者とも意見交換をすることもあるのだが、インバウンドを含めた完全復活には数年を要すだろうし、またこのコロナの影響でどれほどの経済的ダメージが生じているのかを懸念する声も大きい。旅は非日常と出会う行為でもある。さすがに家に閉じこもっているばかりではストレスも当然、伴う。

そういう意味でも観光の復活は極めて重要案件ではあるが、ただ拙速にことを進めるべきではないことも自明のことである。好日を待つという姿勢が求められている。そこでこの間に観光資源の洗い出しも必要かとも思う。本書で扱った野球の聖地も来るべき日にいくらかでも役に立つことがあれば幸いである。

2021年3月19日、筆者は甲子園にいた。前年、コロナ禍で中止になった選抜高校野球大会の復活だった。3密を避けるため、初日に登場する6校のみの簡素化された開会式だった。他の出場校は映像での入場行進を行ったが、あくまでも暫定のセレモニーとなった。入場者数も制限され、満員の甲子園とはならなかったが、それでも第1試合から熱戦が始まった。しかし紛れもなく球春の到来であった。

野球はおそらくコロナ禍も乗り切っていくことだろう。プロ野球も始まる。多くの人は野球に胸躍らせ、一喜一憂する。少年たちはグラウンドで白球を追う。地域の人々は地域の野球を応援する。野球はもはやこの国に永遠に息付くスポーツ文化だ。日本はある意味では野球の国と言っても過言ではない。

さて本書を執筆するにあたっては、大月書店の佐藤信治氏、ライトハウスの伊藤翼氏、NPO法人企画のたまご屋さんの飯田みか氏のお世話になった。また取材では『嶋清一戦火に散った伝説の左腕』を書かれた山本暢俊氏をはじめとして、各高校、ミュージアムの関係者にも感謝を述べたい。ひとりひとりのお名前を記載することは紙数の都合でできないが、本当にお世話になった。

まもなく球春たけなわではあるが、まだコロナ禍も収束したわけではなく、学生野球、社会人野球、プロ野球なども細心の配慮を持って試合の運営をしていかなければならない。やがて満員のスタンドで、歓声が飛び交う中、のんびりと野球の試合を眺める日を心待ちにしている。野球の歴史がさらに続くことと、そのために平和な世の中が続くことを願うだけだ。

２０２１年３月10日　桜台にて

※本書に登場する現役選手の所属は、2021年シーズン開幕時のもの

参考文献

阿久悠(2004)『生きっぱなしの記』日本経済新聞出版

阿久悠(2013)『甲子園の詩 完全版 敗れざる君たちへ』幻戯書房

阿久悠(2013)『瀬戸内少年野球団』岩波書店

朝日新聞「白球の歴史取材班」(2019)『白球の世紀 高校野球100回秘史』朝日新聞出版

朝日新聞出版(2015)『完全保存版　高校野球100年』朝日新聞出版

池井優(1976)『白球太平洋を渡る』中央公論社

池井優(1991)『野球と日本人』丸善

稲泉連(2004)『ぼくもいくさに征くのだけれど　竹内浩三の詩と死』中央公論新社

岩手県立福岡高等学校百周年記念誌編(2002)『福陵百年史 福岡高校百周年記念誌』岩手県立福岡高等学校百周年記念事業協賛会

内田雅也(2011)『若林忠志が見た夢 プロフェッショナルという思想』彩流社

太田俊明(2021)『沢村栄治 裏切られたエース』文藝春秋

大道文(1987)『新プロ野球人国記』ベースボール・マガジン社

大澤輝嘉(2011)「慶應義塾史跡めぐり」『三田評論』

ベースボール・マガジン社編(2003,2004)『完全版プロ野球人国記』ベースボール・マガジン社

小川勝(1996)『幻の東京カップス』毎日新聞社

沖縄県高等学校野球連盟(1972)『沖縄県高校野球五十年史』沖縄県高等学校野球連盟

香川県編(1966)『香川県政史年表』香川県郷土読本刊行会

川西玲子(2014)『戦前外地の高校野球:台湾・朝鮮・満州に花開いた球児たちの夢』彩流社

川口啓太(2014)「日本野球の黎明(三大学リーグの結成)1910年から1914年までの明大野球部の活動を中心に振り返る」『明治大学教養論集』

川本三郎(2003)『東京の空の下、今日も町歩き』講談社

我喜屋優(2012)『日々、生まれ変わる 人生に大輪の花を咲かせるための“七つの力”』光文社

清岡卓行(1988)『アカシヤの大連』講談社

工藤吉三(2009)『別府の野球史』自費出版

国土交通省総合政策局、経済産業省商務情報政策局、文化庁文化部(2005)『映像等コンテンツの制作・活用による地域振興のあり方に関する調査』国土交通省、経済産業省、文化庁

国民新聞運動部編(1929)『日本野球史』厚生閣書店

小関順二(2013)『野球を歩く:日本野球の歴史探訪』草思社

合田一道(1982)「ホームベース追想」『凍野の残映・北海道人物誌』みやま書房

坂本邦夫(2020)『紀元2600年の満州リーグ――帝国日本とプロ野球』岩波書店

佐和みずえ(2006)『別府華ホテル―観光王と娘の夢』石風社

司馬遼太郎(2009)『街道をゆく40　台湾紀行』朝日新聞出版

清水希容子(2011)「地域文化シリーズ 郷土愛」『日経研月報』日本経済研究所

白川哲夫,谷川穣編(2018)『「甲子園」の眺め方:歴史としての高校野球』小さ子社

「常磐炭礦・オール常磐野球部の歴史」編集委員会編(2007)『常磐炭礦・オール常磐野球部の歴史』常磐炭田史研究会

杉本尚次(1999)「ベースボール・スタジアムと都市環境－スポーツ地理学－」『人文研究』関西学院大学

駿台倶楽部明治大学野球部史編集委員会編(1974)『明治大学野球部史第1巻』駿台倶楽部

駿台倶楽部明治大学野球部史編集委員会編(1986)『明治大学野球部史第2巻』駿台倶楽部

高松市歴史資料館(1999)『第23回特別展「野球王国・高松が生んだ宿命のライバル」』高松市歴史資料館

立石泰則(1999)『魔術師－三原脩と西鉄ライオンズ』文藝春秋
田中弘倫(2005)『古角イズム－野球王国・和歌山の中興の祖 古角俊郎伝』彩流社
田村洋三(2006)『沖縄の島守－内務官僚かく戦えり』中央公論新社
TBSテレビ報道局『生きろ』取材班(2014)『10万人を超す命を救った沖縄県知事・島田叡』ポプラ社
辻原登(2005)『枯葉の中の青い炎』新潮社
鶴岡一人、西本幸雄、川上哲治、稲尾和久(2007)『プロ野球伝説の名将－私の履歴書』日本経済新聞出版
飛田穂洲(1934)『熱球三十年　草創期の日本野球史』中央公論社
戸部良也(1987)『遥かなる甲子園－聴こえぬ球音に賭けた16人』双葉社
富永俊治(2007)『嶋清一の真実－松坂大輔をしのぐ伝説左腕の軌跡』アルマット
中里憲保(2006)『北の球聖　久慈次郎』
中村計(2016)『勝ち過ぎた監督 駒大苫小牧 幻の三連覇』集英社
中村哲也(2009)『近代の日本の中高等教育と学生野球の自治』一橋大学、博士論文
中村博男(1995)『初代巨人キラー－阪神の名投手西村幸生の生涯』かのう書房
ナターシャ・スタルヒン(1979)『白球に栄光と夢をのせて わが父 V.スタルヒン物語』
ベースボール・マガジン社
ナターシャ・スタルヒン(1991)『ロシアから来たエース』 PHP研究所
西木正明(1988)『凍れる瞳』文藝春秋
西澤泰彦(1999)『図説　大連都市物語』河出書房新社
日刊スポーツ(2015)『甲子園100年物語～輝いた東北の男たち～』日刊スポーツ出版社
兵庫県(2014)『地域計画～淡路地域版～』兵庫県
古川勝三(2016)『台湾を愛した日本人〈2〉
「KANO」野球部名監督・近藤兵太郎の生涯』アトラス出版
北海道高等学校野球連盟(1997)北海道高野連50年史『白球の証』北海道高等学校野球連盟
北海道博物館(2017)特別展「プレイボール！ —北海道と野球をめぐる物語—」ガイドブック
法政大学(1961)『法政大学八十年史』法政大学
増淵敏之(2010)『物語を旅するひとびと』彩流社
松永多佳倫(2016)『沖縄を変えた男 栽弘義—高校野球に捧げた生涯』集英社
松永多佳倫(2020)『まかちょーけ 興南 甲子園春夏連覇のその後』集英社
松原一枝(1998)『大連ダンスホールの夜』中央公論社
三坂淳一(2020)『二人の正一』 Kindle
水原茂(1983)『華麗なる波乱—わが野球一筋の歩み』ベースボール・マガジン社
村上勇(1981)『激動三十五年の回想』村上勇事務所
森岡浩(2015)『高校野球100年史』東京堂出版
森田創(2014)『洲崎球場のポール際 プロ野球の「聖地」に輝いた一瞬の光』講談社
野球雲編集部(2019)『消えた球団 毎日オリオンズ1950~1957』ビジネス社
山際康之(2016)『兵隊になった沢村栄治：戦時下職業野球連盟の偽装工作』筑摩書房
大和球士(1977-1981)『真説日本野球史』ベースボール・マガジン社
山本暢俊(2007)『嶋清一－戦火に散った伝説の左腕』彩流社
湯川充雄編(1932)『台湾野球史』台湾日日新報社運動具部
横田順彌(2019)『[天狗倶楽部]快傑伝－元気と正義の男たち』朝日新聞出版
米沢嘉博(2002)『戦後野球マンガ史 - 手塚治虫のいない風景』平凡社

著者　増淵敏之（ますぶち　としゆき）
1957年生まれ。法政大学大学院政策創造研究科教授。主な著書に『物語を旅するひとびと』（彩流社）、『おにぎりと日本人』（洋泉社新書）、『湘南の誕生』（リットーミュージック）ほか。

白球の「物語」を巡る旅

コンテンツツーリズムから見る野球の「聖地巡礼」

2021年8月23日　第1刷発行

定価はカバーに
表示してあります

著　者　　増　淵　敏　之

発行者　　中　川　　進

〒113-0033　東京都文京区本郷2-27-16

発行所　株式会社　大　月　書　店

印刷　三晃印刷
製本　中永製本

電話（代表）03-3813-4651　FAX 03-3813-4656　振替 00130-7-16387
http://www.otsukishoten.co.jp/

ISBN978-4-272-61242-0 C0075　Printed in Japan